KB235420

말 한마디 때문에

대인관계를 결정하는 언어의 메이크업

말 한마디 때문에

대인관계를 결정하는 언어의 메이크업

김인희 지음

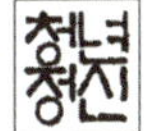

프롤로그

당신의 곁에는 많은 사람들이 있는가? 가족, 친구, 직장동료와 아무런 문제없이 잘 지내고 있는가? 혹시 당신을 싫어하는 사람들, 당신을 적으로 둔 사람들이 있다면 그 이유는 무엇이라고 생각하는가? 당신의 외모와 능력에 대한 그들의 시기, 질투 때문에? 혹은 성격이 잘 맞지 않기 때문이라고만 생각하고 있지는 않은가?

인간관계에서 일어나는 모든 문제는 '말 표현'의 결과이다. 가족, 친구와 등을 지고 오랜 시간 동안 연락을 끊고 지낸 경험이나 현재 그렇게 지내고 있다면 관계를 단절시켜버린 원인은 무엇이었는가? 아마 상대방과 주고받은 말에서 기분이 상하고 그것이 상처가 되었기 때문일 것이다. 당신을 적으로 생각하는 사람이 있다면 그 적을 만든 것 역시 당신의 말 표현 때문이었을 것이다.
긴장감이 없는 편한 사이일수록 말에 대한 표현을 함부로 해

서 서로의 관계가 멀어지기도 하고 단절되기도 한다.

선의로 생각하고 내뱉었던 나의 말에, 혹은 생각 없이 했던 말에 상대가 오해하고 기분 나빠 한 적이 있는가? 그것을 상대가 오해한 탓이라고만 생각하는가? 이것은 어쩌면 내가 선의로 한 말을 상대가 오해한 것이 아니라 내 의도대로 전달하지 못했기 때문이다.

말은 나의 생각을 밖으로 표현하는 수단이다. 생각 없이 하는 말은 없다. 평소 생각이 무의식적으로 말로 뱉어지면서 상대의 기분을 상하게 하거나 오해를 불러일으킬 수 있는 것이다.

나 역시 말에 대한 문제로 "너는 왜 그렇게 말을 해?"라며 주위에서 말 표현에 대한 지적을 많이 받았다. 어떤 말 표현들이 상대의 기분을 상하게 했는지 전혀 알지 못해 답답했

다. 그것이 부정적인 나의 생각에서부터 표현되는 말임을 알게 되었고 말을 하는 것을 직업으로 삼게 되면서 더욱 말 표현에 대한 중요성을 깨닫게 되었다. 그리고 스스로 말 표현을 조심하고자 하였고 치열하게 노력하면서 이제는 말을 예쁘게 하는 사람이라는 평판을 얻게 되었다.

12년 동안 화장품업계에서 제품교육과 서비스, 세일즈 교육을 하면서 진정한 아름다움은 외모가 아닌 내모, 즉 생각과 그 생각을 표출하는 말 표현이라는 것을 깨달았다. 그래서 나는 이 책에서 상대의 기분을 상하게 하고 오해할 수 있는 민낯 같은 말에 메이크업을 한 듯 예쁘고 아름답게 표현할 수 있는 방법들을 공유하고자 하였다.

단지 이 책은 당신이 적을 만들지 않고 상대의 기분을 상하게 하지 않는 말 표현만을 제시하지는 않는다. 말은 나를 나타내는, 곧 나의 이미지이다. 누군가를 위해서 하는 것이 아니

라 오로지 나 자신을 주체로 하여 나의 이미지 또한 말 표현 하나로 좋은 이미지를 갖게 될 수 있는 길로 안내한다. 나쁜 말만 내뱉고 우울한 생각들에 포박된 채 단 몇 달만에 전혀 다른 인상으로 변해버렸던 나의 경험을 공유하면서 이 책을 읽는 독자는 그렇게 되지 않길 바라는 마음이었다. 이미 좋지 못한 이미지, 인상을 가지고 있다 하더라도 다시 회복할 수 있는 방법 또한 경험을 통해 이야기 하고자 한다.

서비스교육을 하면서 대화와 말에 관한 많은 책들을 보았지만 독서를 좋아함에도 불구하고 교과서처럼 딱딱하고 무언가 가르치려고만 하는 책들에 흥미를 느끼지 못했다. 쉽게 술술 읽히는 책들도 있었지만 무언가 가볍고 독자들의 가슴을 두드리고 행동하게 하기에는 부족했다. 그래서 이 책은 교육, 직원채용, 사회생활, 육아, 결혼, 이혼 등 다양한 나의

100% 실제 경험과 사례들을 통해 쉽게 읽히면서 함께 공감하고 스스로 각성해 자신을 바꿔가는 계기를 줄 수 있다면 제 역할을 다 한 것이라고 생각한다.

주는 것 없이 밉고, 받은 것 없이 예쁜 사람. 물질적인 것들은 아무것도 주고받은 게 없지만 상대가 밉기도 하고 예쁘기도 하다. 바로 말을 주고받았기 때문이다.
이 책은 대단한 통찰이나 천년의 지혜를 담고 있지 않다. 다만 모든 인간관계를 등진 채 혼자서 세상을 살아가고자 하는 사람이 아니라면, 사람과의 삶 속에 말 표현이 얼마나 중요한지를 각성하는 계기가 될 수 있기를 바랄 뿐이며, 그에게 깊이 생각해보는 기회가 되었으면 하고 바랄 뿐이다.

차
례

내 말은 무엇이 문제일까

가슴을 흔드는 말

얼굴보다 더 중요한 말의 메이크업

어제의 친구를
오늘의 적으로 만드는 말

모든 문제는 말에서 시작된다

어린 시절의 내게는 늘 적이 많았다. 한동안 나는 그 이유를 알지 못했다. 상대가 가지고 있는 문제로 치부했을 뿐이었다. 내가 태어난 곳은 작은 시골마을이었고, 고등학교를 졸업할 때까지 그곳에서 학창시절을 보냈다. 지금에야 강사라는 직업 특성상 말을 많이 하고 성격도 활발한 편이지만 나는 중학교에 입학하던 무렵까지만 해도 조용하고 말수가 적은 내성적인 아이였다.

그때 대부분의 부모님들은 농사를 짓느라 바빠서 여자 아이들을 단발머리 혹은 커트머리를 해 주었는데, 음식점을 하셨던 어머님은 워낙에 여성적인 분이었던 터여서 바쁘신 가운데서도 내 머리를 길게 길러 디스코머리 스타일로 예쁘게 땋아주셨다. 그래서였던 것 같다. 말수가 적고 내성적인 성격 탓에 잘 어울리지 못하는데다가 머리 스타일까지 다르게 하고 다니다 보니 잘난 척하는 아이로 비쳐졌고, 그로 인해 선배들로부터 자주 불려 다녀야 했을 뿐 아니라 동급생 아이들로부터도 질시를 받아야 했던 것 같다.

어느 날, 내가 부반장이 되었을 때였다. 다른 반 아이들까지 우르르 몰려와서 눈을 흘기며 쑥덕거렸다.

"쟤가 부반장 됐대."

나는 이해할 수가 없었다.

'왜 날 싫어하는 걸까? 난 잘못한 게 없는 것 같은데… 그냥 질투심 때문인가? 아니면 내가 잘 어울리지 않다보니 나에 대해 잘 몰라서 오해가 쌓인 것일까?'

내 성격을 고치기 위해 노력하기 시작했던 것은 그때부터였던 것 같다. 의식적으로 명랑한 태도로 친구들을 대하고 좀 더 이야기를 많이 하려고 애를 쓰기 시작한 것이다. 그리고 내 태도가 변하자 친구들 또한 달리 대하기 시작했다. 그런 것이다. 아주 작은 변화가 어떤 흐름을 만들고 그런 흐름이 점점 세를 얻어가면서 삶 자체를 완전히 바꾸어 놓기도 한다.

친구들과의 관계가 좋아지고, 그래서 재미있고 쾌활한 친구, 착한 친구들이 주변에 많아지기 시작했고, 내성적이고 소극적이던 내 성격도 바뀌어 사교적이고 활발해졌다.

하지만 고등학교에 진학하자 새로운 적들이 생겨났다. 말 한번 섞어보지 않았던 선배들에게 이유 없이 불려 다니는 건 내가 치러야 하는 관례 같았다. 사실 나는 '범생'이었고, 선배들에게 찍히기 싫어서 인사도 열심히 했었다. 내가 다닌 학교는 후배가 선배에게 인사를 하는 걸 당연하게 여기던 분위기였기 때문이다. 그럼에도 나는 불려 다녔다. 이유는 인사를 똑바로 하지 않는다는 거였고 나는 이해하기 어려웠다. (나중에 알고 보니 실제로 내가 불려 다닌 이유는 동네오빠가 동생을 챙긴답시고 날 건드리지 말라고 했던 한마디 때문이었다.)

나를 싫어하는 사람들을 겪다보니 나 역시 어느 새 그들을 '질투 때문에 적의를 가진 부류'로 치부하기 시작했다. 이렇게 되면 그들에게 부드러운 말이 나가게 되기는 어렵고, 이렇게 생각하기 시작하면 좋은 관계로 발전될 가능성은 사실상 사라진다.

어느 날이었다. 화장실 거울 앞에서 깻잎머리를 다듬고 있던 같은 반 친구가 한숨을 쉬면서 한탄하듯 중얼거리는 말을 들었다.

"아, 나는 머리가 너무 큰 것 같아…."

혼자서 하는 말일 수도 있었지만 내 의견을 구하는 것처럼 느낀 나는 그 친구에게 좋은 말을 해 주고 싶어서 이렇게 말했다.

"○○야, 넌 날씬한데다 머리숱이 많아서 머리가 커 보이는 거야."

사실 그 친구는 머리가 크지 않았고 머리숱이 많아서 커보였던 것이다. 내가 밖으로 나가자마자 등 뒤에서 문이 쾅! 소리를 내며 닫혔다. 기분이 상했다는 그 친구의 표현이었다.

아마도 내가 그렇게 말했을 때 친구는 이미 기분이 상해 표정이 굳어졌을 것이다. 다만 나는 친구가 등을 보이고 있었기에 표정을 볼 수 없었고, 그래서 나는 그 친구가 마음이 상했다는 것도 몰라서 그런 의도가 아니었다며 변명도 못하고 밖으로 나갔던 것이다.

어쨌든 내 말 한마디가 그 친구의 마음에 상처를 내고 기분이 상하도록 만들었던 것은 분명했다. 그리고 언제부턴가 주위에서 내게 했던 말들이 떠올랐다.

"넌 왜 말을 그렇게 해?"

그리고 깨달았다.

'아, 내 말 표현에 문제가 있구나.'

'나의 적들은 시기와 질투 때문이 아니라 내가 말하는 말버릇 때문에 생겨난 것이구나.'

'나는 좋은 의도를 가지고 한 말인데 사람들은 왜 기분이 나쁘다고 하는 걸까?'

이런 생각과 경험을 가지고 있다면, 그 이유를 알지 못하는 순간부터 당신은 의도와는 다르게 말로 상대의 기분을 상하게 하고 적을 만들어왔을 것이다. 하지만 그런 상황에 어떤 문제가 있음을 알고도 바꾸려고 노력하지 않는다면 앞으로도 적들은 계속해서 늘어날 것이란 사실도 분명하다.

앞에서 내가 했던 말들을 조금 바꿔서 "○○야, 넌 몸이 날씬한데다 머리숱이 많아서 머리가 커 보이는 것뿐이야. 실제로는 전혀 크지 않아. 그건 너만 그렇게 생각하고 있을 뿐이야."라고 했다면, 그 친구는 기분이 상하지 않았을 것이다. 하지만 내가 그 친구에게 했던 말은 결국 '머리가 커 보인다, 크다.'는 뜻으로 들릴 수도 있었던 것이다.

말은 오해를 부르기 쉽다. 상대가 오해하지 않도록 내 의도를 정확하게 잘 전달하는 것은 그래서 중요하다. 상대가 내 말을 오해해서 받아들인 게 아니다. 내가 제대로 내 메시지를 전달하지 못했기 때문에 상대의 오해를 불러일으킨 것이다.

보통 어떤 일에 문제가 생기면 다른 사람에게서 원인을 찾는 경우가 많다. 이런 태도로는 긍정적인 방향을 향해 한걸음도 나아갈 수 없다. 늘 내게서 먼저 문제를 찾는 것으로부터 시작해야 한다.

나에게 어떤 적이 생겼다. 그는 나를 질투하는 사람, 시기하는 사람 혹은 모든 면에서 꼬인 사람일까? 먼저 거울을 나를 향해 비춰야 한다. 내가 하고 있는 말은 어땠는지, 행동은 어땠는지. 물론 모든 사람은 자신을 선량한 의도를 가진 사람이라고 생각한다. 그럼에도 내게 적의를 가진 사람이 있다는 것은 나의 선량한 의도와 진심을 상대에게 전달하는 표현 방식에 문제가 있거나 서툴기 때문이다.

직설적으로 말하면 상대가 기분 나빠 할 것이라는 걸 알면서 무심코 내뱉는 경우도 많다. 그건 상대를 적으로 만들고 싶다는 선전포고와 다름 아니다. 그런 문제를 알고 있으면서도 고치지 않고, 바꾸려 하지 않는다면 적을 만드는 것뿐만 아니라 주변에서 사람들이 하나 둘씩 떠나게 되고 외로운 '왕따 인생'을 살아가게 될 것이다.

모든 건 의지의 문제다. 나는 지금 화려하고 능숙한 언변을 배우고 익혀야 한다고 이야기하고 있지 않다. 화려한 언변보다 더 중요한 것은 내가 가지고 있는 선한 의지를 상대가 오해해서 받아들이지 않도록 정확하게 잘 전달하는 것이다. 그렇게 하기 위해서는 아무렇게나 입에서 나오는 대로 말을 풀어놓아서는 안 된다.

말은 듣는 이의 귀가 아니라 가슴으로 들어간다. 그래서 어떤 말들은 가슴을 찔러 마음에 상처를 입힌다. 칼은 몸에 상처를 입히지만 함부로 움직이는 부드러운 혀는 칼보다 날카

로워서 마음에 피를 흘리게 한다.

한때의 나는 말 표현에 서툴러서 많은 적을 만들었다. 그리고 이제는 "넌 말을 왜 그렇게 해?"라는 누군가의 한마디로 인해 각성하고 노력함으로써 "말을 참 예쁘게 한다."는 칭찬을 듣는다. 누구나 할 수 있는 일이다.

"넌 말을 해도 꼭."

이런 말을 듣는다면 말하는 습관에 대해 곰곰이 생각해보아야 할 때다.

말 한마디가 가진 힘은 사람을 죽이고 살릴 수도 있을 만큼 크다. 누구도 그런 대단한 힘을 굳이 만들고 싶지 않은 적을 만드는 데 쓰고 싶지는 않을 것이다.

8천 억을 날린 말의 힘

1991년 4월 23일이었다. 말 한마디로 8,000억 원을 날려 버린 인물이 있었다. 당시 영국 시장 50% 이상을 거머쥐고 있던 고급 보석 브랜드인 래트너즈그룹 대표인 제럴드 래트너였다. 그는 5,000명의 청중을 앞에 두고 이렇게 말했다.

"우리는 음료를 나를 때 쓰는 은도금 쟁반과 잔 6개, 그리고 포도주를 담는 유리병을 합쳐 4.95파운드(현재 한화 8,000원 가량)에 팔고 있습니다."

이에 사람들은 어떻게 그렇게 싼 값에 팔 수 있느냐 물었고, 그는 "그건 우리 제품이 완전 쓰레기라서 그런 거지요."라고 대답했다.

사실 그것은 무겁고 딱딱했던 분위기를 띄워보고자 던진 농담이었다. 그러나 사람들은 그걸 농담으로 받아들이지 않았고, 농담 한마디로 그의 회사는 파산위기에 몰리게 되었다.

제럴드 래트너의 일화는 '두잉 래트너(Doing a ratner)'라는 신조어까지 탄생시켰는데, '비즈니스 현장에서 저지른 황당한 실수, 한 순간 실책으로 치명적인 손상을 입은 사업이나 기업가의 형태를 칭하는 말’로 쓰인다고 한다.

두 개의 유리병 속에 갓 지은 쌀밥을 넣어 놓고 A라는 밥에는 "사랑해, 고마워, 예뻐."라고 말하고, B라는 밥에는 "짜증나, 미워, 꺼져버려."라는 말을 매일같이 하는 실험을 했다고 한다. 그렇게 며칠이 지난 뒤에 "사랑해, 고마워, 예뻐."라고 긍정적이고 따뜻한 말만 들었던 A의 밥은 별다른 변화가 없었지만 "짜증나, 미워, 꺼져버려."라는 부정적인 말을 들었던 B의 밥에는 하얀 곰팡이가 가득 덮였다고 한다.

다른 실험에서 우울증 환자에게 약을 처방하면서 의사는 이렇게 말했다.

"굉장히 효과가 빠르고 좋은 우울증 치료제가 개발되었습니다. 분명 며칠만 복용해도 이전과는 다르게 잠을 잘 수도 있고 우울증도 없어질 것입니다."

의사의 말을 믿고 약을 복용한 환자는 빠르게 우울증을 치료할 수 있었다. 하지만 그 약은 우울증 치료제가 아닌 우울증과는 전혀 관계가 없는 비타민이었다.

실험 결과가 정말 말 때문이라면, 말의 힘은 정말 강력하고 대단하다고 할 수밖에 없다.

환자가 긍정적인 믿음을 갖게 됨으로써 비타민을 먹고도 우울증 증세가 호전되는 이러한 현상을 '플라세보 효과'라고 한다. 이는 라틴어에서 유래한 것으로 '만족시킬 것이다.'라는 의미를 지니고 있는데 1785년 발간된 「신의학사전」에는 기타 의료행위 항목에도 수록되어 있다. '플라세보 효과'란 말은 1794년 의학문헌에 실리기도 했다.

나는 지난 12년 동안 화장품회사에서 강사로 활동해왔다. 지금은 화장품업계를 떠나 새로운 일을 하고 있지만 유독 여자들이 많은 회사에서 일하면서 말 때문에 서로 관계가 틀어지고 벽을 쌓는 모습을 많이 봐왔다. 그리고 얼굴을 아름답게 꾸미는 화장품을 만드는 회사에서 일하는 만큼 얼굴만이 아니라 '말도 메이크업을 하듯 예쁘게 표현하면 얼마나 좋을까?'하는 생각을 자주 했었다. 그런 생각들이 이 책을 쓰게 된 이유이기도 하다.

설립된 지 얼마 되지 않은 신규브랜드 회사에서 일할 때였다. 신규브랜드 회사의 특성상 근무인원이 적다 보니 일당백으로 일을 해야 했다. 직원들은 점점 지쳐갔고 사기도 뚝 떨어졌다. 홍수처럼 밀려드는 업무량을 처리하고 있었음에도 보상은커녕 칭찬이나 격려조차 없었다. 마음이 여린 여직원들은 노예나 다를 바 없다며 눈물을 쏟는 일도 많았다.

어느 날 불만을 털어놓는 한 여직원을 위로하며 다독여 준 뒤에 퇴근을 했는데, 그녀가 내게 메시지를 보내왔다. 칭얼대서 미안하다는 내용이었다. 나는 그 메시지를 읽으며 그녀가 아직도 마음을 추스르지 못하고 있다는 느낌을 받았다. 나는 곧 답장을 보냈다.

"내 도움이 필요하면 언제든 이야기하고 혼자 힘들어하지 말아요. 그리고 OO이기에 해낼 수 있는 일이에요. 우리 회사에 없어서는 안 될 기둥입니다. OO 기둥 멋져요!"

그녀는 이모티콘과 함께 자신의 마음을 알아줘서 고맙고 덕분에 마음이 풀렸다면서 다시 힘을 내보겠다며 다시 메시지를 보내왔다.

상사가 일을 시킬 때 재촉을 해야 하는 상황들이 분명히 있을 것이다. 그리고 담당자의 업무에 대한 정확한 이해가 없어 쉽게 생각할 수도 있다. 하지만 말을 어떻게 메이크업하느냐에 따라 그 담당자로 하여금 다시 기운을 내서 빨리 업무를 처리할 수 있도록 격려할 수도 있고, 서운함을 느끼고 불만이 쌓여 적이 되도록 할 수도 있다. 같은 말이라도 어떻게 표현하느냐에 따라 달라진다. 이것이 바로 말의 힘이다.

댓글로 인해 상처를 받았던 경험을 토로하는 연예인의 모습을 본 적이 있다. 대중의 사랑을 먹으며 살아야 하는 만큼 그들이 치러야 하는 부정적인 대가들에 안타까움이 느껴지기도 했다. 익명의 손가락들이 생각 없이 찍어대는 글들로 인해 그들은 말할 수 없는 상처를 받고 우울증에 빠지기도 한다. 우리가 자주 보아왔던 모습들이다. 말은 이처럼 누군가의 감정을 뒤흔들고 영혼을 부숴버릴 만큼 파괴적인 힘을 가진 무기이기도 한 것이다.

새해를 맞이해 신년운세를 한번 보기로 마음먹고 점집을 찾아갔었다. 책을 쓰고 싶다는 계획을 실행에 옮기기 전에 기운이 나는 말을 들을 수도 있지 않을까 하는 생각이 들었기 때문이었다. 집과 멀지 않은 점집을 찾아갔더니 소위 신점을 본다는 강한 인상을 가진 무당은 나를 보자마자 대뜸 이렇게 말했다.

"답답해. 꽉 막혔어."

정작 나는 한마디도 하지 않았는데 무당은 자신의 명치가 꽉 막힌 것처럼 답답하다면서 그렇게 말하는 것이다. 조금은 의아한 생각이 들어 나는 되물었다.

"아, 그렇게 보여요?"

사실 그때 나는 "지금 나는 정말 행복해!"라고 생각하고 있었다.

"너는 지금 웃고 있지만 그 웃음 뒤에 굉장히 힘든 걸 숨기고 있어. 뭐가 그렇게 힘들어서 온 거야?"

“아, 힘들어서 온 게 아니라, 제가 책을 쓰려고 하는데, 어떨지 좀 궁금해서요.”

생각해보면 내가 참 어리석었다. 책을 쓰려면 컴퓨터를 켜고 당장 글쓰기를 시작하든가, 자료를 찾고 생각을 정리할 것이지 무당은 왜 찾아갔던 것인지. 어쩌면 이것도 미래에 대한 걱정과 궁금증을 안고 살아가는 나와 같은 나약한 인간의 한 모습이기는 했을 것이다.

어쨌든 무당은 대놓고 이렇게 말했다.

“넌 올해는 안 돼. 무조건 아무것도 안 돼!”

‘헐!’ 소리가 절로 나왔다.

안 된다는 말 때문이 아니었다. 마치 자신이 온 우주를 주관하고 있기라도 한 것처럼 단정적으로 “무조건 안 된다.”고 단언하는 태도 때문이었다.

잘되고 싶어서 그 길을 찾는 데 도움을 얻을 수 있지 않을까 하는 생각에 찾아왔는데, 그래도 무언가 희망을 주면서 주의하고 조심해야 할 부분을 알려줘야 하는 게 아닌가 하는 생각이 들었기 때문이다.

무당은 이렇게 말했다.

“돌려서 말하지 않고 그냥 쉽게 이야기할게. 너는 대놓고 말하자면 우리 같은 사주야. 무당 팔자라는 거지. 네가 그동안 힘들었던 건 신기가 들었기 때문이야. 그걸 풀어줘야 돼.”

많이 어이가 없었다. 무당이 짚은 점괘에 그렇게 나왔을지는 모르겠다. 그게 꼭이나 과학시간에 실험으로 증명할 수도 없는 일이니. 하지만 무당이 될 팔자라는 소리를 듣고 좋아할 사람은 없고, 그보다 부정적인 말들과 단정적인 말투가 거슬렸다. 한마디로 그녀는 나에 대한 배려는 손톱만큼도 보이지 않았다. 귀한 시간과 돈을 들여 내 발로 찾아가서 겨우 그런 말만 듣고 있자니 한숨이 절로 나왔다. 그래도 한 번 더 내 사정을 이야기 해보았다.

"아니 저는 그런 말을 들으러 온 게 아니라 조심해야 할 것들이나 좀 잘 될 수 있는 것들에 대한 걸 들으러 왔어요."

"그러니까 내가 이야기하잖아. 넌 신기가 들어서 안 된다니까. 내가 원래 한 번 하는 건 천만 원까지도 받는 사람이야. 하지만 넌 파격세일로 해서 백만 원에 해 줄게. 안 해도 그만인데, 안 하면 넌 계속 힘들어. 빌어야 돼. 철학관 같은 데 가지 말고. 진짜 널 위해서 하는 말이야."

그녀는 말처럼 나를 위해 그런 말을 하고 있는가? 아님 백만 원 때문인가? 확실한 것은 전혀 나를 위해서 하는 말은 아니었다는 것이다. '너는 무당 팔자'라는 말을 들어야 하는 젊은 여성을 배려하는 마음이 있다면 절대로 그렇게 표현하지 않았을 것이다.

"굿을 해야 한다."며 돈을 요구하고 "귀신이 붙었다."며 떼

어준다는 명목으로 폭력을 행사했다는 뉴스가 떠올라서 나는 곧장 그곳을 나왔다. '무당 팔자'라는 말이 계속 귓가에 맴돌았고 그곳에서 들었던 부정적인 이야기들이 머릿속을 어지럽혔다. 집으로 돌아와서도 그런 지저분한 기분은 오래도록 사그라지지 않았고 두통까지 밀려왔다.

이것도 병이라면 병이다. 다음날 지인들 사이에서 유명하다는 '사주보는 아저씨'라고 자신을 칭하는 분을 다시 찾아갔으니!

그 아저씨는 이렇게 말했다.

'이쪽 분야를 공부해보면 좋을 것 같다. 타로도 좋고, 말로 하는 직업과 잘 맞으니 심리상담 쪽도 좋을 것 같다. 지금 하고 있는 일도 본인과 잘 맞으니 좋은 선택'이라고.

어제 그 무당의 말과 비슷한 맥락인 듯도 했지만 내게는 전혀 다르게 받아 들여졌다. 기분이 조금도 상하지 않았다. 그 아저씨에게 어제의 신점을 보았던 이야기를 했다. 그는 이렇게 말했다. 본인과 같은 직업은 말을 통해서 사람들에게 희망이 되기도 하고, 잘못 이야기를 했다가 낙심해서 극단적으로 자살까지 할지도 모르는 결과를 초래할 수 있으므로 말을 직업으로 하는 사람은 특히 신중해야 한다면서 부정적인 말만 이야기하는 곳이라면 다시 가지 않는 게 좋겠다고 했다.

　이것은 그분들만의 이야기가 아니다. 내 말 한마디로 어느 누군가는 힘을 얻어 희망을 갖고 긍정적인 마음으로 잘 살아가는 반면, 또 누군가는 내 말로 인해 우울감에 빠지고 상처를 받고 평생을 원망하는 마음으로 살기도 하고 극단적인 생각을 할 수도 있다. 말은 이렇게 누군가의 감정을 휘젓고 흔들어놓는다. 말 한마디로 좋았던 기분을 망쳐놓을 수도 있고 우울했던 감정을 한순간에 사라지게 할 수도 있다. 그만큼 말은 강력한 힘을 지니고 있다. 똑같은 의미를 지닌 말이라 해도 '어떻게 표현하느냐'에 따라 천차만별 달라지는 것이다.

말은 첫인상을 결정짓는 마지막 관문

　UCLA 심리학과 명예교수인 엘버트 메라비언Albert Mehrabian은 1971년 출간한 저서 『Silent Messages』에 발표한 내용 중에서 커뮤니케이션 이론을 한 단계 더 발전시킨 중요한 연구결과를 내놓았다.

　그 연구결과에 따르면, 첫인상을 결정짓는 요소는 외모, 표정, 옷차림, 행동, 태도, 머리모양 등 시각적인 요소가 55%를 차지하고, 목소리와 같은 청각적인 요소가 38%, 말의 내용이 7%를 차지한다. 이것이 그의 이름을 딴 '메라비언의 법칙'이다.

　소개팅에 나갔다고 가정해보자. 약속 장소에 먼저 도착한 당신.(당신을 여성이라고 가정하겠다.) 상대의 얼굴을 전혀 알고 있지 못하는 당신은 문이 열릴 때마다 혹시나 소개팅 상대는 아닌지 두근거리는 가슴으로 문을 향해 시선을 돌릴 것이다. 그때 한 남자가 들어온다.

“제발 저 사람은 아니었으면 좋겠다.”

“와, 저 사람이면 좋겠다.”

당신은 무엇을 보고 그렇게 생각했는가? 당연히 옷차림, 얼굴, 키, 헤어스타일 등의 외적인 모습이었을 것이다. 그 시각적인 요소가 첫인상의 55%를 결정한다는 것이다.

‘제발 저 사람이면 좋겠다.’라고 했던 사람이 내 소개팅 상대였고, 반갑게 인사하며 함께 마주 앉았다. 대화를 나누려는 찰라, ‘어머 웬일이니!’ 호감 있는 외모와는 달리 목소리가 확 깬다. 하이 톤에 얇은 여자 같은 목소리다. 외모는 너무나도 내 스타일인데 목소리에서 ‘별로야’라는 생각이 든다. 그 하이 톤에 얇은 여자 같은 목소리로 주문한답시고 “여기요!”하고 큰 소리로 종업원이라도 부른다면 함께 있는 것 자체가 창피하고 “이만 안녕히…” 하고 얼른 그 자리를 뜨고 싶어질 것이다.

한 설문조사에서 이성을 볼 때 외모 다음으로 보는 것이 남녀 모두 목소리라고 답했다. 이러한 청각적인 요소가 첫 인상의 38%를 차지한다는 것이다. 시각적인 요소만큼이나 청각적인 요소인 목소리 역시 중요하다.

첫인상을 결정짓는 중요한 요소 중 마지막 7%는 말의 내용이다. 상대가 아무리 멋진 외모에 흔히 여자들이 좋아하는 동굴 목소리, 남자들이 좋아하는 차분한 아나운서 같은 목소리라 하더라도 그 목소리로 하는 말이 다음과 같다면 어떨까?

"연봉은 얼마나 되나요?"

"집에 돈은 좀 있나요?"

"결혼 후에는 맞벌이 하실 거죠?"

"화장과 옷차림이 왜 그래요?"

물이라도 끼얹고 그 자리를 박차고 나와 버리고 싶을 것이다.

메라비언의 법칙에서는 첫인상을 결정지을 때 가장 비중을 많이 차지하는 것이 시각적인 요소, 그 다음이 청각적인 요소라 했지만 그것은 상대와 대화를 나누기 전까지이며, 대화를 나누기 시작하고부터는 7%를 차지하는 말의 내용들이 가장 중요해진다.

함께 나눈 대화에서 '나와 잘 통한다.'는 느낌이 들면 관계가 잘 형성될 수 있지만 대화를 나누면서 나와 잘 맞지 않을 것 같은 느낌이 들면 그 만남은 한 번으로 끝날 가능성이 높다. 시각적, 청각적인 부분에서 아무리 첫인상이 좋았다고 하더라도 말의 내용, 질, 말투 등이 엉망인 상대라면 결국 '첫인상이 좋지 못하다.'라고 판단하게 된다.

나 역시 소개팅을 해본 경험이 있다. 외모를 많이 따졌던 20대 중반 때였다. 어떤 사람인지 전혀 알지 못한 채 나와 나이가 같다는 정보 하나만 듣고 그를 만났다. 분명히 나랑 동갑이라고 했던 것 같은데 만나보니 서른 중반은 족히 되어 보였다. 그의 외모를 보고 소개팅을 주선한 친구에게 바로 문자를 보내 '너무 마음에 들지 않는다.'며 투덜거렸다.

외모가 일단 마음에 들지 않다 보니 빨리 집에 가고 싶은 마음뿐이었다. 그가 주문을 하면서 "술 한 잔 할래요?"라고 물었을 때는 술이 당기지 않을 도리가 없었다. 기다렸다는 듯 "네!"라고 대답했고 음식도 먹는 둥 마는 둥 했다. 그래도 예의는 지켜야 했기에 그렇게 함께 시간을 보내면서 많은 대화를 나누게 되었다. 얼굴만큼이나(?) 생각이 어른이었다.

이건 사실 칭찬이다. 그는 하루 4시간을 자고 일어나 신문을 읽으며 하루를 시작해 깜깜한 새벽에 출근하고 자기계발을 위해 끊임없이 노력하는 사람이었다. 그의 말 속에는 나에 대한 배려가 배어 있었고 그와 이야기를 나누면서 사람은 역시 대화를 나눠봐야 안다는 말에 저절로 공감이 갔다. 처음으로 그런 품격 있는 말을 하는 사람을 만났고 짧은 시간임에도 그를 좋아하는 마음이 깊어졌다. 누군가를 그렇게 좋아해본 적이 없었다. 아쉽게도 그와의 만남이 여러 가지 이유로 계속 이어지지는 못했지만 생애 처음으로 '앓이'라는 걸 해보았던 첫사랑 같은 사람이었다.

상대를 처음 만나게 되면 시각적인 요소가 그의 이미지를 결정짓는 데 가장 중요한 역할을 한다. 하지만 전혀 모르는 상태에서 먼저 메시지부터 주고받았다면 100% 말의 내용, 그 메시지의 내용만으로 상대의 첫인상을 평가하고 '빨리 만나보고 싶은 사람, 만나고 싶지 않은 사람'이라는 판단을 하게 될 것이다. 또 만남에 있어 첫인상의 첫 평가가 시작되는 시각적인 요소가 다소 낮게 평가되더라도 말을 어떻게 하느냐에 따라, 말 자체의 매력에 따라 상대에 대한 호감도와 첫인상은 180도 바뀔 수 있다. 나의 이미지를 말로써 바꿀 수 있다는 것이다.

지금 연애 중인 상대, 사업 파트너, 자주 가는 병원의 의사, 친구, 단골음식점 직원, 직장상사 등 주변에서 만나는 이들의 말에 집중해보라. 말은 곧 행동이 되고 또 그것이 그 사람의 이미지가 된다. 말 자체가 폭력적인 사람은 행동도 폭력적이며 사람들에게 좋은 이미지를 줄 수 없다. 하지만 평소 부드럽고 따뜻한 말을 하는 사람은 행동 또한 선하고 배려할 줄 아는 사람이라서 많은 사람들이 그를 따르고 좋은 이미지로 기억한다.

나는 주위 사람들에게 어떤 모습으로 비쳐지고 있는가?
남들이 생각하는 내 이미지가 긍정적인 모습이 아니더라

도 낙심할 필요는 없다. 지금부터 내가 하는 말에 어떤 문제가 있는지를 객관적으로 바라보고 말본새를 바꾸기 위해 노력한다면 충분히 긍정적인 변화를 가져올 것이라고 확신한다.

뿌린 대로 거두는 당신의 이미지

‘말은 한번 내뱉으면 주워 담을 수 없다.’ 누구나 알고 있는 진부한 이야기다. 하지만 진리는 이런 진부함 속에 숨어 있는 법이다. 진리는 외워서 써먹고 싶은 멋진 말이 아니라 너무나 당연해서 아무도 귀 기울이지 않는 말속에 있는 법이다. 연예인들이나 국회의원과 같은 정치인들이 무심코 내뱉은 말로 곤욕을 치르고, 심하면 그 분야에서 생명이 끊어져버리기까지 하는 걸 보면 그렇다.

한 연예인은 2004년 아테네올림픽 축구에서 새벽 2시에 한국팀 예선전이 열리는 것을 두고 시차를 생각하지 못한 채 “그리스는 왜 축구를 새벽에 해요?”라고 말했다가 이른바 ‘뇌순녀’ 이미지를 갖게 되었고, 일본의 배우이자 가수로 촉망을 받던 한 여자 연예인은 자신이 출연했던 영화의 기자회견장에서 “영화가 어떠냐?”고 묻는 기자의 질문에 “베쯔니(별로, 그다지.)”라고 답해 안티 팬들과 각종 언론으로부터 공격을 받았다. 이후 사죄를 했지만 개념 없는 연예인이라는 이미지를 극복하지 못하고 아직까지도 복귀하지 못한 채 잊혀져가고 있다.

　우리는 연예인들에 대해 깊이 알지는 못하지만 그들이 방송에서 하는 말을 듣고 '이 사람은 이렇구나, 이럴 것 같아.'라고 판단한다. 그래서 연예인 중에는 말만 하면 소위 '깬다.'고 해서 소속사에서 인터뷰를 하지 못하게 하거나 예능 프로그램처럼 말을 많이 해야 하는 프로그램에는 출연하지 못하도록 하기도 한다. 말이 곧 이미지가 되기 때문이다.

　말은 곧 나를 나타내는 수단이다. 나를 상대에게 가장 잘 전달할 수 있는 것이 말이다. 말은 단순히 혀가 움직여서 나오는 소리에 불과한 것이 아니라 생각이 입을 통해 드러나는 것이다.

　생각 없는 말은 없다. 무심코 내뱉는 말실수는 생각이 없어서가 아니라 어쩌면 평소의 생각을 반영하는 것이다. 그래서 사람들은 상대의 말실수를 단순한 실수로 잘 받아들이려 하지 않는다. 나는 앞에서 말했다. 말은 귀가 아니라 상대의 가슴, 그러니까 마음으로 들어가는 것이라고. 이것이 우리가 한마디 말에 천근 무게를 싣듯 신중하게 하는 습관을 들여야 하는 이유다.

　평소에 친구, 직장동료, 상사들을 보면서 '왜 말을 저렇게 할까?'라는 생각을 하는 경우가 꽤 있을 것이다. 그리고 그런 생각을 불러일으키는 사람들은 주변에 적이 많거나 '뒷담화'에 많이 등장하는 주인공이 되는 경우가 많으며 결국 외로운 사람이 되는 모습을 많이 본다. 나 역시도 직장생활을 하면서 '왜 직원들이 저 상사의 뒷담화를 유독 많이 하는 걸까? 내가 보기엔 너무도 선해 보이기만 하는데 정말 악덕한 상사를 만나보지 못해서 그런 건 아닐까?'라고 생각했다가 시간이 흘러가면서 차츰 그의 말 표현, 즉 말본새에 문제가 많다는 걸 알게 되었다. 직원들이 품고 있는 불만, 공통적으로 붙는 수식어는 "말을 꼭 그렇게 해야 하나!"라는 것이었다.

그런데 안타까운 일이지만 그는 자신의 말버릇에 잘못이 있다는 걸 인정하지 않았다. 업체 미팅을 할 때 상대가 기분 나빠 했다는 말을 전해 들어도 그의 반응은 이랬다.

"나 때문에? 내가 그렇게 말했다고 해서? 그게 왜?"

그러면서 자신에게 적이 많은 건 '자신의 능력이 뛰어나고 임원들이 자신을 무한신뢰하고 있기 때문'이라며 다른 이들을 시기하고, 질투나 하는 무리로 생각했다. 어쩌면 내가 어렸을 때 생각했던 것과 똑같은지 안타까웠다.

「악마는 프라다를 입는다」의 미란다와 같은 여자 상사와 일한 적이 있었다. 아니 미란다는 그래도 일에서만큼은 프로니 꽤 괜찮은 상사다.

그녀는 기분 내키는 대로 말하고 행동하는 건 기본이었고, 출근할 때의 얼굴을 보면 그녀에게 무슨 일이 있었는지 충분히 짐작할 수 있었고, 인사를 해도 눈길 한번 주지 않고 자리로 가는 사람이었다. 그녀의 말들은 송곳이었고, 직원들은 그녀의 눈치를 보느라 전전긍긍이었다.

나는 그녀와 선을 긋고 말을 아꼈다. 누구라도 이런 느낌은 쉽게 알아차리기 마련이다. 그녀가 나를 건방지게 생각했을 것임은 분명했고 관계는 삐걱댔다. 나를 향한 말투나 눈빛에는 적의가 담겼을 것이지만 나 역시 찜찜하긴 했어도 그녀에게 다가가 관계를 개선하려는 노력은 무의미하다고 판단해버렸다. 당시의 나는 참 사회생활이란 걸 잘 해내지 못했던 것 같다.

덕분에 나는 광주로 부산으로 대구로 대전으로 청주로 익산으로… 쉼 없이 출장을 다녀야 했다. 한번 지방 출장을 가면 3~4일 이상이 걸리기도 하는데, 잠자리를 많이 가리는 나로서는 곤혹스러운 일이었다. 한번은 청주에 오픈하는 매장 때문에 교육팀 5명이 우르르 함께 출장을 갔는데, 그녀는 나 외에는 전부 올라오라는 명령을 내렸다. 다른 직원이 대신 남겠다고 해도 내가 남아야 한다고 고집했다. 복수를 당할 정도로 미운털이 박힌 것일까? 알 수 없었다. "무슨 출장을 인희만 다니지?"라는 영업본부장의 말에 "인희가 지방녀라 지방 출장을 잘 뛰네요, 호호….”라고 말할 때는 소름이 끼치기까지 했다.

한번은 신제품 출시로 본사 직원교육이 예정되어 그녀의 지시로 신제품 교육자료를 만들었다. 보통 다른 사람이 만들어준 자료는 만든 사람의 의도를 정확히 파악하지 않고서는 이해하기 힘든 경우가 많은데, 나 역시 그 때문에 10년 이상의 강의 경력에도 불구하고 내 강의 자료는 반드시 내가 만든다.

하지만 그녀는 내가 만든 자료를 대강 훑어보고는 몇 가지 질문을 하더니 바로 강의실로 들어갔다. 다른 사람이 만든 자료를 제대로 이해하지도 못하고 진행하려다 보니 강의가 제대로 잘 이루어질 리 없었다. 결국 강의가 엉망이 되었던지 씩씩거리며 강의실을 박차고 나온 그녀는 이렇게 소리를 질렀다.

“이거 누가 만든 거야? 교육 자료가 진짜 이상 하던데!”

그녀는 내가 만들었다는 걸 뻔히 알고 있었다.

나는 점점 그녀의 입이 열릴 때마다 어떤 말이 튀어나올지 몰라 트라우마가 생길 지경이었다. 차라리 그녀를 보지 않아도 되는 지방 출장이 편하게 느껴질 지경이었고 더 이상 그런 직장생활을 하면서 시들어가고 싶지는 않았다. 결국 난 과장님에게 먼저 퇴사 의사를 밝혔다.

과장님은 너무나도 따뜻하게 다독여 주셨다.

"그동안 많이 힘들었지? 그런데 인재를 잃게 되어서 어떡하지?"

마음이 흔들렸다. 하루 21시간을 지방 출장으로 깨어 있어야만 했던 날들, 한 달에 한두 번을 겨우 쉬면서 피로누적과 위장장애를 견디며 일에 파묻혔던 날들이 주마등처럼 스쳐 순간 울컥했다. 그러면서 "다시 한 번 힘내서 일해보자."는 과장님의 말에 흔들리기도 했다.

하지만 과장님이 내 퇴사 문제를 부장인 그녀에게 보고했을 때 들려온 커다란 목소리는 정말 정나미가 떨어지게 했다.

"지가 뭔데 먼저 그만 두느니 마느니 해!"

그리고는 나를 따로 불렀다. 그러면서 하는 첫 마디가 이랬다.

"그렇지 않아도 너 자르려 했는데, 네가 먼저 선수를 쳐?"

할 말을 잃었지만 나는 속으로 다짐했다. '내가 저런 자리에 오르면 적어도 말로 부하 직원에게 상처를 주는 상사는 되지 않겠다.'라고. 깨달음은 어느 순간이라도 오는 법이다. 그리고는 차분한 목소리로 말했다.

"부장님 때문이 아니라 많이 지쳐서 좀 쉬는 시간을 갖고 싶어 그렇습니다."

그랬더니 그녀의 말은 놀랍게도 처음과 달라져 있었다.

"그동안 힘들었던 거 안다. 그렇게 힘들면 건강 좀 챙기고 10일 휴가를 줄 테니 좀 쉬고 나오도록 해. 네가 다시 돌아오든지 돌아오지 않든지 상관없이 네게 이렇게라도 해야 마음이 편할 것 같아."

물론 나는 10일이 지난 뒤에도 회사로 돌아가지 않았다. 하지만 사표를 내던 날 흥분한 그녀를 앞에 두고 차분한 목소리로 그만두는 이유를 나 자신에게 돌렸던 나를 떠올리면서 뭔가 내가 그녀를 이겼다는 생각이 들었고 사과를 받은 느낌이었다. 그리고 말싸움에서 이기는 것은 흥분해서 목소리를 높이는 것이 아니라 오히려 차분하고 조용한 목소리로 양보의 자리로 스스로 물러나는 데 있음을 깨달았다.

내가 말로 표현하는 것들은 모두가 내가 된다. 날카로운 가시와 같은 말, 더러운 표현을 뱉어낸다면 그것은 상대에 대한 공격이 아니라 내게로 소환돼 내게 달라붙는다. 나는 지금 오래전 내 상사였던 그녀를 비난하기 위해 이런 이야기를 쓰고 있지 않다. 실제로 그녀는 그녀의 말본새만큼이나 저급한 사람은 아니었을지 모른다. 하지만 그녀의 평소 말본새가 자기 스스로를 낮은 가치를 가진 사람으로 이미지화 하고 있었다는 것은 분명했다.

누누이 말하지만 말은 곧 나를 표현하는 수단이고 이미지를 만드는 도구다. 그럼에도 우리는 왜 내 입으로 내 이미지를 나쁘게 표현하곤 하는 것일까? 그것은 역설이다. 상대를 공격하기 위해 쏘아 보낸 말은 휘어져서 나를 찌른다.

혹시 나를 나쁜 이미지로 받아들이는 적들이 있다면 그들이 그렇게 된 데에는 어떤 이유가 숨어 있는 것은 아닌지 나를 돌아보는 기회로 삼자. 이왕이면 적들에 둘러싸이기보다는 나를 지지하는 아군들과 함께 하는 것이 더 좋지 않은가?

우리는 관계를 맺고 살아간다. 관계없이는 살아갈 수가 없다. 그렇다면 얽혀지는 모든 사람들과 말 한마디라도 정을 담아서 진심으로 따뜻하게 표현해보자. 적을 만들지 않는 가장 쉬운 방법이다.

생각이 없으면 말도 없다

　나는 지하철과 버스를 이용해 출근하고 퇴근한다. 한 번도 가까운 곳에 직장을 두고 다녀본 적이 없었다. 지금 다니고 있는 직장도 출퇴근 시간이 1시간 정도인데 그나마 가장 가까운 축에 속한다. 지하철 혹은 버스에서 매일 매일을 참 많은 사람들과 마주치게 되고 귀는 열려서 본의 아니게 다른 사람의 대화를 엿듣게 되기도 한다.

　퇴근시간에 버스를 기다리며 덜덜 떨던 어느 추운 겨울이었다. 한 어린 커플이 다정하게 껴안고 버스를 기다리고 있었다.

　"내 친구한테 너 ○○폰 쓴다고 했더니, '와 네 여친 부자야? 언제 네 여친 만나면 밥 좀 사달라고 해야 겠다'고 하는 거 있지."

　그러자 여자가 정색을 하면서 다정하게 껴안고 있던 남자친구의 손을 확 뿌리치더니 이렇게 말했다.

　"뭐, 그럼 내가 네 친구한테 밥을 사야 한다는 거야? 내가 왜? 미쳤어?”

“아니, 자기가 꼭 사라는 건 아니고. 그런 뜻이 아니야.”

“뭐가 아니야? 네 친구들은 뭐 거지야? 내가 왜 밥을 사? 아, 됐어, 짜증나!”

어린 커플들 이야기를 들으며 잠시 생각했다. 내 생각에도 여자친구 입장에서는 ‘친구들에게서 그런 말이 나왔으니 다음에 네가 밥을 사는 게 어때?’라고 받아들일 만한 여지가 있었다. 하지만 한편으로 남자의 입장에서 생각해보면 그저 아무 생각 없이 친구들과 했던 말들을 여자친구에게 전달했을 뿐 어떤 의도를 가지고 하는 이야기는 아닌 것 같기도 했다.

자, 그렇다면 여기에서 남자의 말에는 어떤 생각이 있었던 것일까, 혀가 저절로 말을 뱉어냈던 것일까?

내가 입사했던 화장품 회사는 아직 오픈한 매장이 없었다. 입사하자마자 신규브랜드 오픈을 준비해 며칠 간격으로 1호점과 2호점을 오픈했는데, 1호점은 명동점, 2호점은 유동인구가 많은 신도림 지하철 역사에 있었다. 각각 팀을 나눠 각 매장으로 배치되었고 하루 13시간 이상 매출을 올리기 위해 열정적으로 일했다. 하지만 아무리 열정을 가지고 있다고 해도 지치게 되는 법이다. 피로가 쌓인 팀원들은 예민해져 있었다.

그러던 어느 날, 당시 한류스타로 급부상하던 남자 모델의 팬 사인회가 명동점에서 진행돼 신도림매장의 담당자들도 명동점으로 우르르 몰려갔다. 명동점은 1층을 매장으로 사용하고 2층은 창고 및 직원들 휴식공간까지 마련되어 있었다. 앉아서 쉴 수 있는 공간은커녕 제품을 쌓아 놓을 창고 공간조차 부족했던 신도림매장에서 일하다가 명동점을 보니 부러운 생각이 들었다. 나는 무심코 한마디 뱉었다. 말 그대로 뱉었다.

"명동점은 제품 포장도 앉아서 하고 쉴 수 있는 공간도 있어서 좋겠네요."

'신도림매장에 비해 편하게 일하고 있다.'라는 생각은 절대로 없었다. 부러운 마음이 들었을 뿐이었다. 하지만 그 말을 들은 명동매장의 직원들 반응은 전혀 달랐다.

"우리도 제품을 나르느라 계단을 오르내려야 해서 정말 힘들어요. 신도림매장은 그래도 계단은 없잖아요."

알고 보니 내 말에 그들이 그토록 예민했던 것은 이유가 있었다. 이사가 "너희는 신도림 애들에 비해 편하게 일하는 거야."라면서 종 부리듯 일을 시켰기 때문이었다. 그래서 그들은 내 말을 이사의 말처럼 받아들여 화가 났던 것이다. 그런 속사정까지 알 수는 없었으니 변명을 할 수도 있겠지만 내가 배려가 부족한 말을 한 것도 사실이었다.

“명동점은 제품 포장도 앉아서 하고 쉴 수 있는 공간도 있어서 좋겠네요.”라고 했던 말은 그 자체로 문제가 있다. 우리와 마찬가지로 악전고투하고 있는 그들에게 ‘우리보다는 편하게 일하는구나.’ 라는 무의식을 품고 있었고 그것이 툭 하고 튀어나온 것이기 때문이다.

‘우리도 힘들지만 명동 매장 직원들도 고생을 하고 있구나.’ 라는 생각을 가지고 있었더라면 그런 말은 하지 않았을 것이다. 아마도 “고생이 많죠? 명동은 계단 때문에 무거운 제품 나르느라 위험하고 힘들겠어요.”라고 그들이 힘들어하는 부분에 초점을 맞춰 말했을 것이다. 즉 나는 계단보다 휴식 공간에 먼저 시선을 보내고 있었던 것이다.

내가 만약 계단에 먼저 눈을 두었더라면, 그래서 그 계단을 오르내려야 하는 그들의 노고를 위로하는 말을 꺼냈더라면 그들도 그렇게 날카롭게 반응하지는 않았을 것이다. 오히려 “신도림매장 팀원들이 더 고생을 많이 한다고 들었어요.” 하고 오히려 우리를 위로했을 것이다.

생각 없이 튀어나오는 말은 없다. 생각의 초점을 자신에게만 맞춰 상대를 헤아리지 않을 뿐이다. 생각 없이 내뱉은 말인 것 같지만 결국 어떤 말이든 생각의 결과다. 정신분석학의 창시자로 불리는 지그문트 프로이트(Sigmund Freud)는 말실수를 “억눌린 무의식이 입 밖으로 표출돼 난처한 지경에 이르는 것"이라고 정의했다. 억눌린 무의식. 실수로 포장하지만 생각의 작용인 것만은 분명하다.

"난 생각 없이 한말인데 그걸 꼭 사과해야 하느냐?"고 하는 이들이 있다. 나 역시 생각 없이 내뱉은 말로 상대의 기분을 언짢게 했던 경우가 많았다.

하지만 그것은 분명 생각 없이 내뱉은 말이 아니다. 평소 머릿속에 가지고 있던 생각이 어느 날 툭 내뱉어지는 것이다. "생각 없이 한 말이야."라고 핑계를 대봐야 상대는 절대로 그렇게 생각하지 않는다. 무의식 속에 그런 생각을 하고 있다는 걸 알고 있기 때문이다. 그러니 오해라고 변명해봐야 이미 늦다. 상대는 그 말 자체로 기분이 나쁘기도 하겠지만 '평소 네가 나를 이렇게 생각 했었구나.'라는 사실 때문에 더욱 기분이 상한다.

생각은 곧 말이 된다. 말 표현을 잘 하기 위해서는 생각부터 고쳐야 한다. 누군가에 대해 좋지 않은 감정, 생각을 품고 있다면 언젠가 자신도 모르게 그것이 말이 되어 무의식적으로 튀어나올 가능성이 크다. 미리 주의를 기울여야 한다는 뜻이다. 그렇지 않으면 어제의 친구도 오늘의 적으로 만들게 된다.

사람을 멀어지게 만드는 '부정이'와 '우울이'

카톡, 페이스북, 트위터… SNS 소통이 활발해지면서 무심코 올렸던 글로 구설수에 오르는 사람들이 많다. 글도 말과 같다. 말이든 글이든 생각의 반영이라는 점은 똑 같다. 어떤 의도를 가지고 있든 간에 수용자는 내가 올린 글을 읽고 나를 판단하게 된다. '이 사람은 긍정적이고 밝은 사람이구나.' 혹은 '이 사람은 어둡고 우울한 사람이야.'라고.

고등학교 때 내 별명은 단세포였다. 기분이 상하는 일이 있거나 힘든 일이 있어도 돌아서면 금세 잊어버려서 친구들이 지어준 별명이었다.

그때 체육 선생님이 학생주임을 맡고 있어서 체육시간에 기합을 많이 받았는데, 내가 제일 싫어하는 것은 선착순이었다. 뜀박질을 시켜서 1등부터 5등까지 끊어내고 6등부터 꼴등까지는 다시 또 뛴다. 선착순을 하면 나는 거의 마지막까지 뛰어야 했다. 그래도 나는 아무렇지 않게 장난치며 웃을 정도로 단세포였다.

그러던 나는 4년 전 사람으로부터 큰 상처를 받았다. 응급실에 실려가 두 번이나 신경안정제를 맞고도 잠을 이루지 못할 만큼의 심각한 우울증이 찾아왔다. 지금은 다 지워버렸지만 일기처럼 일상을 기록하던 내 SNS에는 온갖 우울한 글들로 가득했고 입으로 뱉어내는 말들도 뾰족했다. 가족들은 "항상 좋은 말을 하고 좋은 글을 써야 좋은 일이 생기는 거야."라며 마음을 바꾸길 바랐지만 나에겐 그저 귀찮은 잔소리에 불과했다.

그렇게 한동안을 앓으며 살았다. 그리고 그동안 놓았던 일을 시작하기 위해 이력서에 붙일 증명사진을 찍었다. 가벼운 미소와 함께 기분이 좋다는 표정을 지으며 사진을 찍었다. 그런데 사진에 찍힌 내 얼굴을 보고 나는 깜짝 놀랐다. 사진 속에는 우울한 영혼이 그대로 담겨 있었다. 그리고 깨달았다. 더 이상 이렇게 살아서는 안 된다는 것을.

지금 생각해도 그때 내가 어떤 상태에 있는지 스스로 인식할 수 있었다는 것이 다행스럽다. 그 이후로 나는 책을 멘토로 삼아 긍정적인 마인드를 갖기 위해 노력했고 스스로를 치유할 수 있게 되었다. 그리고 이제는 전보다 더 여유 있고 행복한 삶을 꾸릴 줄 아는 사람으로 성장할 수 있었다. 긍정적인 생각과 긍정적으로 말하기, 밝은 표정들을 나의 안티에이징(화장품에서 노화를 방지하는 제품, 노화를 억제하는 것) 관리법으로 삼게 된 것은 그때부터였다. 그때 사진을 찍지 않았더라면, 그 사진을 보고 아무것도 깨닫지 못했더라면 어떤 극단적인 선택을 하거나 여전히 우울증에 갇혀 지내고 있을지도 모른다.

나는 지금 어떤 글들을 SNS에 올리고 있는지 확인해보자. 우울하고 부정적인 글들이 많은가, 즐겁고 밝은 글들이 많은가? 우울함과 부정적인 글은 그것을 읽는 사람들까지도 오염시킨다. 그런 부정적인 글들을 쓰는 사람을 좋아할 사람은 없다. 그런 사람과 친해지고 싶어 하는 사람은 없다.

반면 밝은 에너지를 발산하는 사람은 함께 있는 것만으로도 즐거워진다. 우울하고 어두운 기운을 내뿜는 사람을 피하고 싶은 것만큼이나 밝고 긍정적인 기운을 발산하는 사람에게 가까이 하고 싶어진다. 이것이 인지상정이다.

만약 나와 가까이 하고 싶어 하지 않는 사람이 있다면 그와 나눴던 이야기들을 찬찬히 되짚어보자. 나는 그에게 어떤 기운을 미쳤는지 생각해보자. 밝고 긍정적인 기운이었던가? 아니면 그 반대였던가?

자주 우울한 기분이 든다면 무엇을 할 때 기분이 좋아지는지 종이에 적어보자. 맛있는 음식을 먹을 때, 친구와 수다를 떨 때, 노래방에서 노래를 부를 때, 등산을 할 때, 책을 읽을 때, 카페에 가서 멍하니 앉아 있을 때 등등….

나는 긍정적인 것을 '긍정이', 부정적인 것을 '부정이', 우울한 것을 '우울이'라고 이름을 붙였다. 아무리 긍정적인 생각을 하려고 해도 가끔 무너지게 될 때면 '아이고, 또 부정이가 찾아왔네, 참 오랜만이네, 또 금방 갈 거지?' 하고 아무렇지 않게 '부정이'에게 말을 건다. 그러면서 '요즘 내가 책을 놓아 그렇구나.' 하고 반성을 하며 서점으로 달려가 그런 기분으로부터 빠져나올 수 있도록 도움을 주는 책을 쇼핑한다. 이제는 그것이 나로 하여금 부정적인 생각으로부터 빠져나올 수 있는 맞춤형 탈출구라는 것을 알고 있기 때문이다.

당신 또한 부정이와 우울이로부터 벗어나기 위한 자신만의 해결법을 찾아야 한다. 부정이와 우울이와 완전히 결별할 수는 없다. 그래서 자신의 감정을 컨트롤할 수 있어야 하고 불현듯 찾아오는 그것들에 스위치를 달아 끌 수 있도록 해야 한다.

우울한 감정에 자주 지배되는 사람은 인간관계가 좋지 못한 경우가 많다. 어쩌면 그것은 당연한 일이다. 그리고 좋지 못한 인간관계로 인해 더욱 우울한 상황으로 악화된다.

의식적으로 긍정적인 마인드를 갖기 위해 노력해야 한다. 옷차림, 헤어스타일 등도 밝게 바꿔보도록 한다. 어둡고 칙

칙한 컬러보다는 화사한 옷을 선택해보자. 옷에 따라 행동과 마음이 달라지기도 한다. 옷의 컬러에도 기운이 있다.

내가 말로써 상처를 주었던 사람들만 적이 되는 것이 아니다. 나의 부정이, 우울이도 적을 만든다. 적이 아니더라도 나를 피하게 만드는 원인이 된다.

찰스 리드는 말했다.

"생각은 곧 말이 되고, 말은 행동이 되며, 행동은 습관으로 굳어지고, 습관은 성격이 되어 결국 운명이 된다."

자기 입장만 늘어놓는 사람들

남자 아이돌이 '라디오스타'라는 예능 프로그램에 출연해 재미있는 에피소드들을 풀어놓고 있었다. 쏟아지는 이야기들이 얼마나 재밌는지 시간이 가는지도 모르고 보았다. 숨겨진 이야기들을 폭로하는 막내와 혹시나 스캔들이 터질까 봐 긴장하는 다른 멤버들을 보는 것은 아슬아슬한 스릴러를 보는 것 같았다.

한 멤버가 최근 터진 열애설에 대해 아리송하게 답하자 막내는 "제3자의 입장에서 볼 때…"라는 말로 시작해 알려지지 않았던 정보까지 흘리는 실수를 저질러 '펙트 체커'로서 시청자들에게는 큰 웃음을 주었지만 당사자로서는 당황스러웠을 것이다.

가끔 친구들과 함께 신나게 수다를 떨다가 집으로 돌아왔을 때 문득 '내가 그 얘기를 왜 했을까?'라며 후회하게 되는 때가 있다.

말이 많은 사람들은 보통 말하는 것 자체를 좋아하고 즐긴다. 듣는 것보다 말하는 걸 좋아하는 건 물론이고 조금이라도 더 말을 많이 하려고 욕심을 내기도 한다. 보통 그럴 때는 신이 나 있거나 기분이 업 되어 있어 해서는 안 되는 말들까지도 실수로 흘려버린다. 아무래도 말수가 적은 사람보다는 말이 많은 사람이 말실수를 하게 될 가능성이 높다. 사실 말하는 사람 본인은 잘 인식하지 못하고 있을 뿐 계속해서 듣고 있는 사람은 괴로울 수도 있다. 나 역시 쉴 새 없이 떠드는 사람과 함께 있으면 심지어 어지럼증이 느껴지기까지 한다.

상대가 내 말에 집중하고 공감해 주면서 잘 들어주면 신뢰감이 들어 온갖 이야기를 다 끄집어내게 된다. 그래서 하고 싶은 말을 잔뜩 쏟아내다 보면 스스로 위안이 되고 무언가 속이 시원한 느낌도 받는다. 하지만 그 뒤에 남는 것은 공허와 후회이기 쉽다.

작년에 있었던 일이다. 친한 언니 그리고 언니의 지인과 처음으로 함께 만남을 가졌던 자리였다. 언니의 친구는 두 아이가 있는 유부녀였는데, 다른 남자를 만나고 있다는 말을 했다. 나는 충격을 받았지만 나에 대해서는 그다지 신경을 쓰는 눈치가 아니었다. 그녀는 남편이 조금 눈치를 챈 것 같다면서 언니와 깊은 이야기를 나눴다. 그다지 좋은 이야기들이 오가는 것 같지 않아서 나는 예의상 나중에 다시 보자는 인사치레를 하고는 곧 자리에서 일어났다.

그러던 어느 날 새벽 6시가 조금 넘은 시간에 그녀로부터 출근을 할 때 연락을 달라는 메시지가 왔다. 보통 그런 상황이라면 분명 상대에게 급한 일이 있다는 의미다. 겨우 한번 만나본 사이기는 했지만 그래도 무슨 일인가 싶어 바로 연락을 했다. 알고 보니 결국 자신의 외도를 알게 된 남편이 이혼을 요구한다는 거였다. 그녀는 내게 조언을 구하고 싶다고 했다. 겨우 한 번 얼굴을 보았을 뿐인 내게 그런 일로 조언을 구하고자 이른 새벽부터 연락을 취했다는 게 이상하게 생각될 것이다.

사실 나 역시 이혼 경험이 있다. 나는 남편의 외도로 힘든 시간들을 보내야 했었고, 결국 이혼했다. 앞에서 신경안정제와 수면제에 의지해서도 잠을 잘 수 없었던 경험이 바로 남편의 외도로 비롯된 일이다. 물론 그녀가 보기에는 나와 그녀의 남편이 같은 입장이었을 것이라고 생각하고 자신의 문제를 해결하는 데 내가 조언해 줄 수 있을 것이라고 생각했던 것 같다.

그녀는 내가 다시는 꺼내고 싶지도 기억하고 싶지도 않은 일을 묻고 있었다. 자신의 감정에만 몰두해 자신이 내 상처를 쑤시고 헤집고 있다는 생각은 하지 못했다. 그녀가 이기적이라는 생각을 하면서도 나는 도움을 요청하는 그녀를 뿌

리칠 수가 없어서 헤어지고 싶지 않다면 무조건 잘못을 인정하고 사과하라고 조언했다. 그녀는 무슨 말로 어떻게 사과해야 할지, 상대 남자와는 이미 끝난 관계인데 사과를 한다면 외도를 인정하는 게 아니냐고 말했다. 남편에게 미안한 마음은 있었지만 어떻게든 인정도 사과도 하지 않고 그 상황에서 벗어날 방법만 찾으려 하고 있었다. 한 시간을 이야기하고 나서야 겨우 전화를 끊었다. 하루 종일 그녀로부터 메시지가 왔다. 메시지에 최선을 다해 답장을 보내기는 했지만 쓰기 싫었다. 그녀의 말은 한결같았다. 상황으로부터 벗어나고 싶지만 잘못을 인정하고 싶어 하지는 않았다.

나는 더 이상 그녀의 전화를 받지 않았다. 그녀로 인해 나를 지저분한 기분 속에 허덕이도록 만들고 싶지는 않았던 것이다. 이제는 나를 위해, 나를 보호해야 할 시간이었다. 그리고 몇 번 더 걸려온 전화를 받지 않았고 더 이상 그녀로 인해 내 상처를 기억하지 않아도 괜찮았다.

그녀가 처음 다른 남자를 만나고 있다고 말했을 때 나는 그것이 상대 배우자에게 얼마나 큰 상처가 되는지 말했었다. 그것은 내가 겪었던 일이었다. 사실 내심으로는 '뿌린 대로 거두는 법'이라고 말하고 싶었다. 하지만 참았다. 그건 쓸데없이 적을 만드는 말이기 때문이다. 아무리 자신이 잘못을 저질렀다고는 해도 그것을 지적당하면서, 당신 역시 그런 고통을 느끼게 될 것이라는 말을 받아들이는 것은 다른 문제다. 윤리적인 문제, 도덕적이 잣대로 재단되는 문제가 아니었다. 그녀는 그녀의 세상에 살고 있었고, 나는 그녀의 세상을 거의 이해하지 못하고 있었기 때문이다.

우리는 때때로 자신도 실천할 수 없는 일을 하라고 조언하는 경향이 있다. 누군가에게 그런 환상적인 조언을 하고 싶어진다면 나는 차라리 입을 다물고 침묵을 지키는 것이 나을 것 같다. 겉만 멀쩡한 말들은 공허해서 언젠가 비어 있는 속이 드러나게 마련이기 때문이다.

해가 바뀌어 인사발령이 났다. 몇 사람은 승진을 했고 물론 나머지는 탈락했다. 그런데 재미있는 일은(물론 그다지 유쾌한 상황은 아니었다.) 승진한 사람 중 하나가 업무가 이중으로 늘었다면서 매번 짜증을 내고 투덜거리기 시작했다는 것이다. 결국에는 옆에서 듣고 있는 나까지도 짜증이 나기 시작했다. 솔직히 같은 공간에서 함께 있는 것조차 힘들었다. 승진에서 탈락한 직원 한 사람이 내게 이렇게 말했다.

"일이 많아졌다고 해도 승진이라도 했지. 승진에서도 누락되고 일은 일대로 많은데 말이야. 업무 중에 자꾸 힘들다고 카톡을 하는데 이제는 받아주기가 너무 힘들어."

힘든 건 다들 마찬가지였다. 그래도 그는 승진이라도 하지 않았는가. 그럼에도 자신이 힘들다는 것에만 집중하다 보니 승진에서 탈락한 사람들의 마음을 미처 돌보지 못하고 있었던 것이다.

누구나 자기 자신의 문제에 먼저 시선이 간다. 완전히 이타적인 인간이란 존재하지 않는다. 그럼에도 시야를 넓게 두고 품을 넓혀 주변에 있는 사람들이 가지고 있는 문제, 아픔을 공감할 줄 알아야 한다. 그렇게 함으로써 그들과의 대화에서 상대의 공감을 이끌어내고 내편으로 만들 수 있다.

만약 적을 만들고 싶다면, 정확히 그 반대로 하면 된다. 지금 내가 힘들다면 내 앞에 있는 사람도 힘든 것은 아닌지 조금만 더 마음을 써보자. 만약 그렇다고 한다면 내 문제를 접어놓고 상대를 중심에 놓고 대화를 풀어가도록 하자.

결국 대화는 스킬의 문제가 아니다. 화려한 말솜씨가 사람을 매료시키는 것이 아니다. 결국은 마음의 문제인 것이다.

만약 지금 힘들다면 누군가를 붙잡고 징징거리는 대신 스스로 이겨내고 극복하는 법을 배우는 것이 낫다. 누구도 나를 붙잡고 징징대는 걸 좋아하는 사람은 없다.

독이 되는 뒷담화

    한 번도 뒷담화 경험이 없는 사람은 그다지 많지 않을 것이다. 사실 카페에 앉아 대화를 나눌 때의 화제는 대부분 뒷담화와 관련되어 있다. 말하자면 현장에 있지 않은 사람이 화제로 오르면 그 또한 뒷담화라 할 수 있기 때문이다. 그러고 보면 실제로는 대화의 내용과 의도가 중요할 뿐이다.

    하지만 많은 경우에 뒷담화로 설화를 입는다. 그 중에서도 직장동료에 대한 뒷담화 실수가 27.6%로 1위를 차지하고 있다. 그로 인해 어떤 좋지 않은 영향을 받았는가에 대한 질문에는 시간이 흘러 똑같이 당했다(6.7%), 업무협조 등을 받지 못하고 혼자 일하는 시간이 많아졌다(11%), 자신에 대한 좋지 않은 소문이 퍼졌다(17.3%), 직장 내 이미지가 나빠졌다(27.4%), 상대에게 계속해서 미움을 받거나 똑같이 당했다(35.1%) 등이 있었다.

    많은 사람들이 자극성과 순간의 재미로 뒷담화를 즐기는

경우가 많다. 소문이 만들어지고, 이런 뒷담화를 통해 사실로 가공되고, 사실 여부를 떠나 오락처럼 행해진다. 여자들은 누군가에 대한 뒷담화를 하면서 친해지기도 한다. 공동의 적에 대항하는 일종의 동맹군 혹은 전우애 같은 감정을 공유하게 되는 건지도 모르겠다.

가끔은 뒷담화가 약이 되기도 한다. '임금님 귀는 당나귀 귀'라는 동화처럼 혼자 속에만 담아놓고 살다 보면 병이 되기도 하니까. 물론 동화에서는 대나무 숲에서 혼자 소리를 쳤지만 보통의 뒷담화는 들어주는 사람이 있고 맞장구를 치며 함께 욕을 해 주는 사람이 있어야 제맛을 느끼게 되지만 말이다.

나와 마주 보는 자리에 한 여직원이 있었다. 그렇게 가까운 사이는 아니었다. 그녀는 점심시간에도 다른 직원들과 어울려 밥을 먹으러 가는 대신 홀로 앉아 일을 했다. 다른 직원들이 그녀와 어울리는 걸 꺼렸기 때문이었다. 그녀의 말하는 습관이 다른 사람들을 등 돌리도록 했던 것이다.

점심을 굶고 책상에 앉아 있는 모습이 왠지 짠해서 나는 먼저 손을 내밀어 같이 점심을 먹으러 가자고 했다. 사실 그녀는 비슷한 또래의 직원들과는 말 표현이 서툴러 잘 지내지 못했지만 상사에게는 예의를 잘 갖춰 말하는 편이었다.

하지만 함께 점심을 먹으며 나는 그녀에게 크게 실망하게 되었다. 그렇게 잘 따르고 좋아하는 것처럼 보였던 상사의 험담을 늘어놓기 시작한 것이다. 앞뒤가 다른 친구처럼 보였고 뭔가 꼬여 있는 성품을 가지고 있다는 생각이 들었다. 그녀의 뒷담화에 공감하고 동조할 수가 없었다. 그녀가 다른 곳에서 나에 대해 뒷담화를 늘어놓으며 비난하지 않을 것이라고 어떻게 생각할 수 있겠는가. 나는 이렇게 말해야 했다.

"그 분은 지금 신경 쓸 일들이 너무 많으신 분이야. 혼자서 전체적인 일을 관할하다 보면 모든 부서를 잘 챙길 수는 없어. 매출을 일으키는 곳에 집중을 해야 우리도 월급을 받을 수 있는 거야. 그리고 다른 부서의 일을 신경 쓰지 않은 것처럼 보이는 것은 돌려 생각하면 그 팀이 알아서 일을 잘 하고 있기 때문이라고도 볼 수 있지 않을까?"

그녀와의 첫 식사 자리에서 실망감을 가졌던 내가 결정적으로 그녀를 멀리하게 된 계기가 있었다. 첫 식사 자리에서 뒷담화 대상이던 상사와 함께 셋이서 식사를 하게 되었을 때였다. 당시 그 상사는 갑작스럽게 워크샵을 추진하고 있었는데 직원들이 그것에 불만을 가지고 있었던 것 같다. 평일도 아니고 주말에 걸쳐 워크샵 가는 건 어떤 직장인들이라도 반기는 일은 아니다. 더구나 이미 주말에 정해놓은 약속들이 있는데 너무 갑작스레 공지하면서 불만이 생길 요소는 충분했다.

그녀가 말했다.

"○○이 아까 자기 부서 팀장님께 불만을 털어놓더라구요!"

"왜, 무슨 일로?"

"이렇게 갑작스레 워크샵을 가는 게 어디 있느냐면서 팀장님이 좀 막아주시지, 이건 좀 아닌 것 같다고요."

그녀의 이야기를 듣고 있던 상사는 기분이 상한 듯 보였다. 다른 사람이 한 자신에 대한 뒷담화를 전해 듣고 기분이 좋을 사람은 없다.

"어차피 이번 주에는 못 갈 것 같고 다음 주에나 계획해보려고 해."

감정을 감추고자 했지만 말투에서 그의 기분이 그대로 드러났다.

그녀의 다음 말이 더 황당했다.

"아, 죄송한데요, 제가 다음 주에는 친구들과 여행을 가기로 해서 기차표를 다 예매해 놨거든요."

아마 ○○도 그녀와 같은 마음으로 갑작스럽게 계획된 워크샵으로 인해 계획한 일들이 틀어지게 되자 하소연하는 마음이었을 것이다. 그런데 그녀는 ○○이 했던 말을 굳이 옮기면서도 자신의 일에 대해서는 항의하는 태도를 보였던 것이다.

　상사든 부하 직원이든 친구든 뒷담화는 듣는 사람을 불편하게 만들기 쉽다. 그런 이들과 솔직한 대화는 어렵다. 그는 언제든지 다른 자리에서 나를 험담하고 깎아내릴 수 있는 사람이라는 걸 느끼게 된다. ‘내 앞에서 늘 웃고 이야기하는 저 사람은 언젠가 내 뒷담화도 할 사람’으로 판단할 것이다.

　습관적으로 다른 사람들에 대한 험담으로 화제를 삼는 사람을 쉽게 볼 수 있다. 그것이 자신에게 아무런 이익이 없음에도 그런 대화 태도를 보인다. 하지만 문제는 그 안에 실제 인물이 들어가 사람들의 입에 오르내리고 있다는 것을 잊어서는 안 된다. 이것은 타인에 대한 실례이다. 뒷담화를 즐기고 있다면 언젠가 나도 그 도마 위에 오를 수 있다는 점을 잊지 말아야 한다.

　인터넷 포스트를 통해 뒷담화를 끊을 수 있는, 아니 줄일 수 있는 방법들을 정리해 놓은 것이 있어서 대략의 뜻을 옮겨 보았다.

　첫째, 감정적으로 격앙된 상태에서는 의도와 다르게 이야기를 과장시킬 가능성이 높다. 누군가로부터 부정적인 대우를 받았다거나 안 좋은 모습을 보았다면 그 일에 대해 이야기를 하기 전에 먼저 시간을 두고 믿을 만한 가장 친한 친구와 이야기를 하면서 차분하게 사실만을 보고 정리하도록 하자.

둘째, 뒷담화가 대화의 중심에 올랐을 때, 타인에 대한 뒷담화를 피하고 싶다면 새로운 화제를 꺼내도록 한다. 좀 더 긍정적이고 흥미로운 이야기, 그래서 사람들이 금방 관심을 집중시킬 수 있는 이야기라면 더 좋다.

셋째, 실제로 얼마나 부정적인 사람이든, 그에 관한 소문이 얼마나 자극적이고 부정적인 것이든, 누군가가 다른 사람에 관한 이야기를 꺼내면 거기에 빠져들기보다는 좀 더 중심을 잡고자 노력해보자. 소문은 결국 사람들의 입을 거쳐 가공되고 편향된 이야기일 가능성이 높기 때문이다.

넷째, 만약 내가 직접 뒷담화를 꺼내게 된 입장이라면(최대한 피하고자 했지만 그와 비슷한 것을 하게 되었다면), 신중한 표현을 사용해야 한다. 자극적이고 강한 단어는 자제하고 일어난 사실에 집중할 수 있도록 객관적인 어휘들을 고르도록 하자.

다섯째, 가장 근본적인 해결책은 남 얘기를 즐기는 사람들과 거리를 두는 것이다. 그들과 가까이 어울리다 보면 불필요한 뒷담화를 많이 듣게 될 뿐만 아니라 그 영향을 받아 타인에 대해 쉽게 이야기하고 편견에 빠지게 된다. 뒷담화 없이도 재밌게 대화할 줄 아는 사람들과 어울리자.

여섯째, 남들에 대한 뒷담화를 쉽게 하다 보면 나 또한 한 순간에 도마에 오를 수 있다는 사실을 명심해야 한다. 따라서 그런 분위기에 일조하기보다는 완화하는 태도를 갖는 것이 좋다. 내가 뒷담화의 주인공이 되었을 때를 생각하면 분명 끔찍한 기분이 들 것이다. 존중받고 싶은 만큼 다른 사람도 존중할 수 있도록 노력해야 할 필요가 있다.

어차피 사람 사는 세상에서는 하소연하고 싶은 일들이 일어나게 마련이고, 누군가에게 그것을 털어놓고 공감을 얻고 싶게 마련이다. 직장생활을 하면서 그 정도 이야기도 하지 않으면서 어떻게 버티겠는가? 서로가 이해하고 공감할 수 있는 정도의 하소연 혹은 푸념 정도는 괜찮겠지만 누군가를 비난하는 뒷담화는 반드시 탈을 일으키게 마련이라는 것을 잊지는 말자. 물론 단순한 하소연이나 푸념이라도 자주 하는 것은 좋을 것 없다. 그래봐야 불평불만이 많은 사람이라는 평판을 가져올 뿐이니까.

뒷담화를 할 때 꼭 기억해야 할 속담이 있다.

'낮말은 새가 듣고 밤 말은 쥐가 듣는다.'는 말!

내 말은 무엇이 문제일까

말은 술과 같다

"조심스러운 언어 습관이 내 인격 표현의 시작이다."

내가 말로 상처를 주는 사람들은 누구일까? 보통 가깝고 편한 가족, 친구, 연인, 나보다 지위가 낮다고 생각하는 부하 직원인 경우가 많다. 가족은 오랜 세월을 함께 지내왔고 내가 어떤 말과 행동을 한다고 해도 어차피 끊어질 수 없는 관계이며 또 언제든 내편이 되어 줄 거라는 믿음이 있다. 친구나 연인도 처음에 만났을 때는 좋은 모습을 보이기 위해 노력하지만 시간이 지나 편한 관계가 되면 말 또한 쉽게 꺼내 상처를 준다. 부하 직원에게 하는 말 역시 다르지 않다. 아랫사람으로 생각하다 보니 쉽게 생각해서 함부로 말해 상처를 준다.

이 모든 관계의 공통점은 '긴장감이 사라진 관계'다.

말은 술과 같다. 어려운 자리에서 마시는 술은 평소와 같은 양을 마셔도 잘 취하지 않을 뿐더러 취하더라도 실수하는 법이 적다. 나 역시 술을 즐기는 편인데 함께 마시면 꼭 취하는 사람이 있고 취하는 장소가 있다. 그것이 바로 긴장감이 있고 없고의 차이다.

처음 만나 편하지 않은 사이거나 어려운 직장상사 앞에서는 잘 취하지 않고 취하더라도 정신만큼은 온전한 데 비해 20년 지기 친구들과 편한 마음으로 마시는 술은 언제나 취한다. 또 집과 멀리 떨어진 곳에서 술을 먹을 때보다 집 근처에서 술을 마실 때가 더 잘 취하는 것도 바로 긴장감을 내려놓고 마시기 때문이다.

말도 다르지 않다. 가깝고 편한, 긴장감 없는 사이일수록 서슴지 않고 내뱉게 되다 보니 상대에게 상처를 주게 되는 것이다. 보통 본인이 하는 말이 잘못된 것임을 모르는 사람들은 말을 할 때 상대에 대한 긴장감이 없고 긴장감을 느껴야 할 필요성을 느끼지 못하기 때문이다.

연인들이 싸우면서 감정에 북받치다 보면 "헤어져!"라는 말을 툭 하고 내뱉게 된다. 헤어질 마음은 아니었지만 순간의 감정에 지르듯 말해버린다. 그리고 그 사람이 없으면 안되겠다는 아픔을 겪고 다시 감정이 진정되면 "그때는 미안했어."라고 서로 사과하고 더욱 돈독해지기도 한다. 그러면 당분간은 싸우게 된 원인이 또다시 발생하지 않도록 조심하고 서로가 기분 나빠 했던 말들, 행동들을 하지 않으려 노력한다. 왜? 같은 일이 반복되어 헤어지게 될까봐 긴장을 하게 되기 때문이다.

그러다가 다시 시간이 흘러 그런 긴장감이 사라지게 되면 같은 일이 벌어진다. 늘 싸우는 이유가 새롭지 않고 매번 같은 싸움이 반복되는 건 싸운 이유가 바뀌지 않았기 때문일 수도 있지만 긴장감이 사라져 싸운 이유들에 주의를 기울이지 않게 되면서 반복되기 때문이다.

'사람은 오래 봐야 안다.'는 것은 결국 상대가 긴장감이 사라질 때 하는 말과 행동들을 봐야 진짜 그 사람을 알 수 있기에 그렇다. 나의 친구 혹은 연인, 배우자가 처음 만났을 때에 비해 현재의 모습들이 달라진 것처럼 보인다면 그것은 상대가 달라진 것이 아니라 오랜 시간이 흐르고 편해지면서 상대가 내게 더 이상 긴장하지 않은 채 말하고 행동하기 때문이다. 설사 본모습을 속이려 했다 해도 속인 모습들을 모두 드러냈다면 그것 역시 긴장감이 없어졌다는 것으로 볼 수 있다.

연인이나 부부에게 적당한 '밀당'이 필요하다고 이야기하는 것 역시 결국은 긴장감이 있어야 한다는 의미다. 적당한 긴장감은 서로의 관계를 더 오래 유지하도록 만들기 때문이다.

조심스러우면 실수할 일도 적어진다. 그래서 연인과 부부 사이에서도 존댓말을 사용하면 말 표현 자체에 긴장감이 있기 때문에 행동 또한 존대하게 된다. 존댓말을 서로 사용하는 것도 관계 유지에 좋은 방법이 될 수 있다.

부사장님이 새로 부임하면서 전 직원이 점심식사로 환영회를 하게 되었다. 그분은 회사에 대한 각오를 다지며 "많이 도와주세요."라고 하면서 말을 맺었다. 자신을 낮출 줄 아는 분 같아서 괜찮은 인상을 받았다. 그때만 해도 그랬다. 그러한 모습은 두 달이 채 가지도 못해 본색을(?) 드러내기 시작했다. 거의 대부분의 직원들은 그를 싫어했다. 나중에는 대드는 것처럼 이야기하는 직원들도 수두룩할 지경이었다.

부사장은 직원들의 PT가 진행되면 무조건 시비부터 거는 스타일이었다. 그렇게 부정적인 말로 시작하고 뭔가의 문제점을 꼬집어 말해야만 자신의 능력을 보여줄 수 있는 것으로 착각하는 것 같았다. 그렇게 꼬집은 문제점들이 타당했다면 그 누구도 그를 부정하지 못했을 것이다. 하지만 그가 제기했던 문제들은 경력 없는 신입사원도 납득하지 못할 정도의 것들이었다. 일을 제대로 파악하거나 이해하지 못하는 상태에서 부서별로 돌아가면서 문제점만 제기하고 다녔다.

백화점 매장을 오픈하던 날이었다. 메이크업 제품을 발주하지 않아 색조 매대가 비어 있게 되자 황당해진 백화점 담당자들이 영업담당자를 호되게 질책하는 일이 벌어졌다. 하지만 현장에서 상황을 지켜본 부사장은 펄펄 뛰는 백화점 담당들과는 달리 영업담당자에게 별일 아니라는 식으로 대하면서 자신에게 찍힌 몇몇 여사원들의 경비사용 내역에서 5,000원이 차이가 난다며 사유서를 작성하라고 질책하는 일까지 있었다. 그 영업담당은 온화한 성격에 부사장 말에 순종하는 직원이었고 함께 담배를 피우는 흡연 멤버이자 나름 아끼는 직원이었기 때문이다.

사실 백화점에서 일어났던 일과 비슷한 상황이 허다하게 일어나다 보니 직원들도 그를 리더로 인정하지 않았다. 면전에서 독재자 같다고 항의하는 직원에서부터 회의를 위해 30분 일찍 출근하라는 말에는 "부사장님이 담배 피우러 오르락내리락 하는 시간을 아낀다면 30분 일찍 나오지 않아도 될 것 같습니다."라고 항변하는 직원까지 있었다. 물론 직원들의 이런 태도는 분명히 잘못된 점이 있다.

직원들이 더 이상 그를 상사로 인정하지 않게 되면서 결국 그는 1년도 채 지나지 않아 자리를 내놓게 되었다. 부하 직원으로부터 인정받지 못하는 상사는 경영자로부터도 인정하지 받지 못하게 된다. 상사에게 부하 직원은 자신에게 큰 힘이 되어주는 존재이고 직원들이 역량을 발휘해 일을 잘 할 수 있도록 이끄는 것이 곧 능력의 바로미터다. 그것이 리더의 본 모습일 것이다.

처음 취임할 때 직원들을 향해 "많이 도와주세요."라고 했을 때만 해도, 아니 직원들에게 실망스러운 모습들을 보이기 전까지만 해도 그는 자신의 본 모습을 드러내지 않았다. 그것은 긴장감을 가지고 있었기 때문일 것이다. 긴장감을 내려놓으면서 그는 바닥까지 자신의 본 모습을 드러냈고 곁에서 부하 직원 들이 모두 떠나자 그는 외톨이가 되어 자신의 자리를 내놓을 수밖에 없었던 것이다.

나와 편한 사이라고 해서, 부하 직원이라고 해서 긴장감을 내려놓고 대하기 시작하는 순간 말실수가 빈번하게 발생한다. 그리고 잦은 말실수는 더 이상 실수가 아닌 치명적인 잘못이 되는 것이다.

만날 때마다 긴장감을 유지하고 불편함 속에서 상대를 대하라는 것이 아니다. 나보다 직급이 낮고 나이가 어린 새파란 신입직원이더라도 '존중'하는 마음을 잃지 말라는 것이다.

존중은 말로부터 비롯되고 표현된다. 부하 직원에게 '당신을 존중하고 있다.'는 메시지를 전달하고 싶다면 존댓말을 사용하는 것부터 해보는 것은 어떨까? 존대말을 사용하면 긴장감을 유지하면서 조심스럽게 말을 끌어가게 된다. 말실수가 잦다면 그래서 의도를 잘못 표현해 상대에게 상처를 주는 일이 많다면 적당한 긴장감을 유지하면서 말 한마디라도 조심하는 습관을 들여야 한다. 공자도 말했다. 배우고 익히니 즐겁지 않느냐고. 익힌다는 것은 습관이 되도록 몸에 배도록 하는 일이다. 말실수를 하지 말아야 한다는 걸 모르는 사람은 없다. 말실수가 인생을 좌우할 정도로 큰 결과를 불러오기도 한다는 것 또한 모르는 사람은 없다.

하지만 아는 것과 실천하는 것은 전혀 다른 문제다. 매일매일 각성하고 조심하면서 함부로 말을 내뱉어 누군가에게 상처를 주고 누군가를 적으로 만드는 상황을 모면할 수 있게 된다면 이보다 더한 깨달음이 어디 있겠는가.

사람들은 대부분 자신의 언어 습관에 대해 잘 인식하지 못한다. 자신의 말이 다른 사람의 감정을 어떻게 건드리고 분노를 일으키는지 그다지 신경 쓰지 않는 사람들도 많다. 말은 입에서 나오지만 상대의 가슴으로 들어가는 것이라고 했다.

상대를 존중하는 마음을 갖고 적당한 긴장감을 유지한다면 툭하면 짜증을 부리고 툭하면 화를 내는 행동들도 줄어들게 될 것이다. 상대와 더욱 돈독한 관계를 맺을 수 있게 되는 첫 단추가 바로 여기에 있다. 곁에 있는 소중한 사람들이 떠나는 것을 원치 않는다면 되는 대로 마시고 취하는 관계가 되어서는 안 된다. 가까운 사이일수록 존중하는 마음도 더 깊어야 한다.

말을 전달하는 액세서리

(짜증을 부리 듯) "아니, 너는 왜 이렇게 네 몸을 챙길 줄 몰라."

(안쓰러운 듯) "아니, 너는 왜 이렇게 네 몸을 챙길 줄 몰라."

대사는 동일하지만 지문을 보고 연기하는 배우들의 목소리는 전혀 다르다. 그리고 배우의 연기를 보는 관객은 그 대사에 어떤 감정이 실려 있는지 공감하게 된다. 목소리의 톤과 표현에 따라 전혀 다른 말처럼 느껴지는 것이다.

우리는 가족과 같이 가까운 사람들이 다치거나 아프면 속상한 나머지 마음과 달리 화를 내는 것처럼 말하는 일이 흔하다. 분명히 걱정하는 마음 때문에 하는 말이지만 듣는 사람에게는 화를 내는 것처럼 들린다. 가뜩이나 아픈 사람으로서는 그런 말이 더욱 서운하게 느껴진다.

목소리는 감정을 보여주는 바로미터다. 아무리 정중한 표현을 사용하더라도 짜증스러운 감정을 가지고 있다면 감춰

지지 않는다. 같은 말이라도 표현하는 목소리에 따라 뜻이 전혀 다르게 전달된다. 그만큼 목소리는 말의 표현과 전달에서 중요한 역할을 한다.

그럼에도 보통사람은 자신의 목소리, 말투에 대해 잘 모르고 있거나 무심하게 생각한다. 평소에 자신이 어떤 톤의 목소리로 말하는지, 얼마나 빠른 속도로 말하는지, 발음은 어떤지, 차분한지, 감정적인지 잘 인식하지 못한다. 아주 오랫동안 습관이 되어 있기 때문이다.

목소리는 말 표현에서 액세서리와 같은 역할을 한다. 나는 팔찌, 반지와 같은 액세서리는 잘 착용하는 편이 아니지만 귀걸이만은 잊지 않고 착용한다. 귀걸이를 했을 때 더 예뻐 보인다는 말을 듣고 나서부터인데, 내가 귀걸이를 하는 것은 더 세련되고 예뻐 보이고 싶은 마음에서다. 말에서도 마찬가지다. 예뻐 보이기 위해 귀걸이를 하고, 멋있게 보이려고 시계를 차면서도 정작 더욱 중요한 '말'이라는 문제에서는 어떤가. 최소한 귀걸이와 시계보다는 목소리가 나의 이미지를 만드는 데 더욱 크고 강력한 영향을 미치는 것은 분명하다. 목소리에는 감정이 담기기 때문이다.

나는 누군가와 다툼이 생기게 되면 먼저 심호흡을 하고 가능한 차분한 목소리로 말을 하고자 노력해왔다. 한번 목소리를 높이게 되면 그에 따라 감정도 격해지고 그렇게 되면 고

삐 풀린 말처럼 가라앉히기가 여간해서는 어렵기 때문이다. 물론 내가 언성을 높이게 되면 상대 역시 목소리를 높일 테니 제대로 대화가 이루어질 리도 만무하다. 당연히 목소리를 높이기 시작하면 피차간에 좋은 소리가 오가지 못하게 된다.

반면에 차분하게 내 생각을 전하기 위해 노력하면 상대 역시 내 입장과 자신의 입장이 어떻게 다른지 생각해보게 되고 조금씩 서로의 입장을 이해할 수 있게 된다. 국민 MC 유재석도 "목소리의 톤이 높아질수록 뜻이 왜곡 된다."는 말을 했다. 흥분해서 목소리 톤이 높아지기 시작하면 내 생각과 의도가 왜곡되어 받아들여진다.

가끔 '나는 화를 낸 게 아닌데…'라고 하지만 상대는 내가 화를 내는 것처럼 느꼈다면 그것은 목소리에 말과 어울리지 않은 액세서리를 착용한 것이다. 좋은 의도를 전달하고자 하는 마음이었다면 좀 더 편안하고 따뜻하게 느껴지도록 목소리의 톤을 잘 표현하도록 해야 하는 이유다. 특히 감정적인 말이 오가게 되는 상황에서는 목소리를 최대한 차분하게 낮춰 이야기하려는 노력이 필요하다.

흥분하면 말이 빨라지고 목소리가 높아지는 사람이라면 평소에 말을 천천히 차분히 하는 습관을 길러야 한다. 흥분 상태라면 곧장 말을 꺼내지 말고 먼저 의도적으로 심호흡을 크게 하면서 마음속으로 열까지 센 후 차분히 말을 하도록 노력해보자.

감정적으로 격해질 때 최대한 흥분을 가라앉히는 나만의 방법을 이야기하자면 서서 이야기하는 것보다 앉아서 이야기를 하는 것이 좋은 것 같다. 서서 이야기를 하다 보면 손을 사용하게 되는데 그러다 보면 삿대질, 짝다리, 팔짱, 허리에 손 올리기 등의 자세를 취하게 되고 그런 행동들이 상대를 더욱 흥분하도록 유도하게 되기 때문이다.

장소를 옮기는 것도 좋은 방법이다. "잠깐 저기로 가서 이야기를 하자." 하고 장소를 옮기다 보면 감정적으로 흥분을 가라앉히고 진정할 수 있는 시간을 벌 수 있다. 잠시 화장실을 다녀오거나 잠깐 바람을 쐬고 온 후에 차분하게 감정을 가라앉힌 상태에서 상대의 생각을 들어보고 내 생각을 전달함으로써 쓸데없이 감정을 폭발시켜 갈등을 증폭시키는 일은 피할 수 있다.

나는 평소 지인들로부터 속에 쌓아놓았던 이야기들을 자주 들어주는 편인데, 어떤 이들은 화가 나고 분했던 이야기를 꺼내면서 마치 그런 상황이 지금 펼쳐지고 있기라도 한 것처럼 흥분하곤 했다. 그렇게 목소리 톤이 높아지면 듣는 사람도 부담스럽고 불편할 뿐 아니라 왜 그렇게 화가 나고 억울한지를 제대로 이해할 수 없는 경우도 많다. 전달력이 떨어지기 때문이다.

“알았어, 알았어. 진정해. 우선 흥분을 가라앉히고 얘기하자. 물도 좀 마시고.”

그렇게 흥분이 가라앉게 되면 비로소 차분한 목소리로 이야기하게 된다.

“아니, 그러니까 내가 이렇게 했는데 그 사람은….”

나는 여기서 아나운서처럼 예쁜 목소리를 가져야 한다고 이야기하고 있는 것이 아니다. 말을 하기 전에 먼저 감정을 컨트롤 할 수 있어야 한다는 뜻이다. 말은 내 생각을 전달하기 위한 도구이고 흥분한 상태에서는 제대로 작동되지 않기 때문이다. 자, 감정이 격해진다면 먼저 심호흡을 하고 목소리를 낮추도록 하자.

진짜 나를 드러내는 말은 소리가 없다

어느덧 해가 지고 어둑해졌다. 이 글을 쓰고 있는 카페엔 수다를 떨며 대화 삼매경에 빠져 있는 사람들, 나처럼 노트북을 가져와 무언가 작업을 하는 사람들, 책을 읽거나 공부를 하는 사람들로 다양했다. 야외 테라스와 실내 테이블을 함께 이용할 수 있게 되어 있는 3층은 테이블도 적고 다른 층에 비해 꽤 조용한 편이어서 내가 선호하는 곳이다. 보통 3층까지 올라온 사람들은 조용한 분위기를 즐기며 방해받고 싶어 하지 않는 이들이 대부분이다.

앞 테이블에서 공부를 하고 있던 한 여자가 전화를 받는다. 통화가 꽤 길어진다. 원고를 쓰는 데 집중하기 위해 귀에 이어폰을 꽂고 있던 내게는 그녀의 목소리가 잘 들리지도 않았고 그다지 신경이 쓰이거나 거슬리지도 않았다. 도서실도 아닌 카페에서 전화를 하거나 대화를 나눌 수 있는 자유는 있어야 하지 않겠는가 싶기도 하다.

하지만 옆 테이블의 남자는 신경이 쓰였나 보다. 몇 차례

한숨을 푹 내쉰다. 그는 나처럼 귀에 이어폰을 꽂고 있지 않았는데, 그녀의 통화가 한없이 이어지자 남자는 펜을 집어던지듯 내려놓고는 자리에서 일어나 짐을 놓아둔 채로 아래층으로 내려간다. 그녀 때문에 시끄러워서 '집중을 못하겠다, 빨리 끊어라.'는 무언의 표현처럼 보인다. 개의치 않고 계속 웃으며 통화하는 그녀는 그런 그를 보지 못한 걸까?

표정, 몸짓, 손짓 등으로 생각이나 느낌을 나타내거나 전달하는 것을 '비언어적 커뮤니케이션'이라고 한다. 우리는 꼭 말로 표현하지 않아도 비언어적 커뮤니케이션을 통해 상대의 기분, 감정 등을 파악할 수 있다. 나의 말에 상대방이 고개를 갸웃거리면 '그건 아닌 것 같은데, 무슨 뜻이지? 잘 이해가 가질 않아.'라는 표현일 수도 있고, 몸을 뒤로 젖힌 채 한숨을 쉬고 얼굴을 찡그리며 팔짱을 끼고 나를 바라본다면 '내 말에 화가 났구나, 기분 나쁘구나.'라는 표현으로 추측할 수 있다. 이러한 행동들 역시 몸으로 하는 말이다. 상사가 업무 중에 꾸짖는데 인상을 쓴다면 그 상사는 "왜 기분 나빠?"라며 부하 직원의 심리를 단번에 알아차린다.

예전 회사에서 있었던 일이다. 해외영업팀이었던 남자직원이 영업 관리를 하는 여직원과 업무에 대해 이야기를 나누고 있었다. 이야기를 듣자 하니 여직원의 일에 대한 이해

가 없었던 남자직원이 오해가 생겼고 여직원은 그것을 이해
시키고자 하는 상황이었다. 그럼에도 끝까지 자기가 옳다고
주장하는 남자직원의 말에 여직원도 슬슬 화가 나는 듯 했고
급기야 서로 언성까지 높이게 되었다.

결국 남자직원이 화를 참지 못하고 주먹으로 책상을 '쾅쾅
쾅' 하고 내리쳤다. 그의 성격이 드러나는 행동이었다. 그러
자 여직원 역시 "지금 뭐하시는 거예요?"하고 당장 몸싸움이
라도 벌일 것처럼 정색하며 말했다.

다른 직원들이 말리면서 상황은 마무리 됐지만 그런 남자
직원의 행동은 다른 여직원들까지도 그를 싫어하게 되는 계
기가 되었다. 물론 다른 이유들도 많았겠지만 그 사건을 계
기로 나 역시 그에 대해 좋은 기억을 갖고 있지 않다.

직급이 낮은 여직원이 직급이 좀 더 높은 남자직원에게 처
음 말할 때는 '아무리 일에 대한 이해를 못하고 있고 상대의
말에 기분이 상하더라도 상사인데 조금은 예를 갖춰 이야기
하면 좋을 텐데' 라는 생각도 들었었다. 하지만 자기주장만
내세우면서 책상을 내리치는 행동을 보고서는 오히려 윗사
람답지 못한 행동이라고 생각하게 된 것이다. 아니나 다를
까, 그 남자직원은 모든 여직원들이 싫어하고 기피하는 사
람이 되었다.

말이 좋지 못하면 행동도 좋지 못하다. 생각은 말이 되고 말은 행동으로 드러나기 때문이다. 보통 그런 이들은 주위에 적이 많고 친구가 거의 없는 외로운 사람들이다.

비언어적인 표현이 때론 말보다 훨씬 더 자신의 모습을 잘 드러내기도 한다. 그래서 말뿐만이 아닌 몸과 표정 등의 비언어적 커뮤니케이션, 즉 소리 없는 말도 잘 표현할 수 있어야 한다. 비언어적인 표현 또한 나의 인격, 이미지, 품성 등을 나타내기 때문이다.

미국연방수사국(FBI)에서 25년간 특별수사관으로 활동하면서 인간 거짓말 탐지기로 불리던 조 내버로는 『행동의 심리학』이라는 책에서 이렇게 말했다.

"몸이 표현하는 침묵의 언어를 통달하면 사람의 마음까지 읽을 수 있다. 비언어 커뮤니케이션은 인간의 꾸미지 않은 생각과 감정, 그리고 의도의 표출이며 흔히 무의식 중에 일어나므로 수십 년에 걸쳐 훈련된 의식적인 언어 표현보다 더 정직할 수밖에 없다."

어찌 보면 말로 표현하는 것보다 비언어적인 표현이 더욱 나를 잘 드러내게 할 수도 있다는 것이다. 그것이 꾸미지 않은, 꾸미지 못하는 무의식적으로 표현되어지는 정직한 진짜 나를 사람들에게 알리는 무의식적 수단인 것이다.

다행히 모든 사람들이 당신을 볼 때 전문가처럼 파악할 수는 없다. 하지만 나의 몸짓, 표정, 제스처 등의 비언어적인 부분들이 누가 봐도 좋지 못한 것이라면, 아무리 말 표현을 잘 한다고 해도 좋게 느껴지지 않는다.

회의 시간에 사장님이 업무에 대해 이야기를 하면서 잘못된 부분을 지적하면 "앞으로는 수정해서 진행하도록 하겠습니다."라고 하는 직원이 있는 반면, 기분 나쁘다는 듯한 표정을 숨기지 못하고 그대로 드러내는 직원도 있다. 그런 표정을 볼 때마다 내가 더 불안해진다. 분명히 사장님도 그 직원의 표정을 보고 있을 텐데 그 표정 하나로 인해 그의 품성에 대해 좋지 않게 인식하고 평가받게 될 것이 분명하므로 안타까운 마음이 들기 때문이다.

'표정을 숨겨야지, 그러한 상황이더라도 일부러라도 웃어야지.'라는 거짓된 행동들 역시 오래 가지 못한다. 언젠가는 무의식적으로 드러나게 된다. 비언어적인 것 역시 생각에서 나오는 무의식적인 경우가 많기 때문에 생각을 바꾸고 평소 마인드를 바꾸려는 노력이 더욱 중요한 것은 이 때문이다.

소리 없는 말이 진짜 나를 드러낸다. 평소 감정이 그대로 표정으로 드러나는 스타일이라면 더욱 더 그렇다.

의심은 적을 만들고 믿음은 내편을 만든다

딸아이가 5개월이 되었을 무렵, 휴대폰이 고장이 나서 아이를 안고 AS센터를 방문했다. 수리기사는 불빛으로 휴대폰의 이어폰을 꽂는 곳을 들여다보더니 그 속에 물기가 있다면서 "혹시 물을 쏟았거나 물에 빠뜨린 적 있으세요?"라고 물었다.

그런 적이 없어서 아니라고 했더니 그는 이렇게 다시 물었다.

"그럼 아기가 빤 거 아니에요?"

아이를 안고 있는 나를 보고 아이를 의심한 것이다. 아이를 안고 가지 않았다면 그는 뭐라고 이야기했을까?

정확한 것도 아니면서 으레 짐작으로 하는 말인데다 엄마로서 아이를 핸드폰을 고장낸 범인으로 의심하는 말에 화가 났다. 물론 그 말을 하기 전에도 그는 나와 처음 마주할 때부터 변변한 인사도 없이 한숨을 내쉬며 귀찮아 하는 느낌이었다. 또한 이야기를 하는 내내 휴대폰만 만지작거리며 들여다

봤을 뿐 나를 쳐다보지도 않았다.

"저기요. 제 아이가 휴대폰 빠는 거 보셨어요?"

"네?"

그제야 그는 정색을 하며 말하는 나를 보고는 당황한 듯 반문했다.

"제 아이가 휴대폰 빠는 거 보셨냐구요? 왜 정확하지도 않는 걸 가지고 의심을 하 듯 이야기하시죠?"

"아니요, 그게 아니라 아이가 휴대폰을 빨았을 경우에도 고장의 원인이 될 수 있으니 가정을 해서 물어본 거예요."

"가정을 해서? 그게 정확하지도 않은 걸로 고객을 의심하는 게 아니고 뭐예요? 여기는 상황을 가정해 고객을 의심하면서 서비스를 하나요? 그리고 기분을 상하게 하는 말을 내뱉었으면 본인 입장을 먼저 말하려는 게 아니라 사과부터 하셔야 되는 거 아닌가요?"

결국 나는 자리를 박차고 나와 버렸다. (나 역시나 언어 메이크업이 필요한 순간이긴 했다.) 말이야 어쩌다 보면 실수로 내뱉을 수도 있고 나 역시 매장에서 진상고객들 때문에 힘들어하는 우리 직원들을 많이 봐왔었기에 충분히 이해할 수도 있었다. 하지만 첫 만남에서부터 계속해서 기분이 상해 있었기 때문에 그런 반응이 나왔던 것 같다.

가끔 매장 직원들이 "진상고객 때문에 힘들어 죽겠어요."

하고 푸념하는 경우가 있다. 물론 반말을 서슴지 않고 종 부리 듯 직원을 아랫사람처럼 대하는 고객도 있고, 뭔가를 얻어내기 위해 일부러 클레임을 거는 블랙 컨슈머들도 있기는 하다. 하지만 조금만 불만을 제기해도 고객을 무조건 진상고객으로 치부하는 경우 또한 적지 않다. 아마 내가 그 자리를 뜨고 나서 어쩌면 그 직원도 "아휴 진상고객 다녀갔네."라고 했을지도 모른다.

하지만 그러한 진상고객도 결국 잘못된 태도와 말투로 응대하면서 고객의 마음을 상하게 한 결과인 경우가 더 많다. 다행히 나는 아직도 그 회사의 제품만을 고집하면서 줄곧 잘 사용해오고 있지만 어쩌면 그런 일을 계기로 그 회사는 고객을 잃게 될지도 모른다.

우리는 일어나지 않거나 상대가 하지 않은 행동에 대해 으레 짐작하고 의심하는 말로 상대의 기분을 상하게 하는 경우가 많다.

"솔직히 말해봐, 네가 그런 거 아니야?"

"너 또 그럴 거야. 전에도 그랬었잖아."

"네가 뭔가 기분을 나쁘게 했으니까 그 사람도 그랬겠지."

이런 확실하지 않은 짐작과 추론을 가지고 하는 말들로 상대를 의심하고 기분을 상하게 하는 것은 상대의 자존감을 낮추고 상처를 입히기도 한다.

얼마 전 설날에 가족들과 만나 친오빠와 아이들에 대해 이야기를 나눈 적이 있다. 오빠는 6살과 4살의 두 딸이 있다. 6살 아이는 동생을 예뻐하면서도 엄마 아빠가 보지 않을 때 자주 때리기도 한다. 어느 날 두 아이가 방에서 잘 놀고 있다가 막내 아이가 울기 시작했다. 오빠는 대번에 큰 딸에게 "또 규리가 려원이 때렸지?"라고 다그쳤다.

보통 큰 조카는 동생을 때렸을 때에는 "아니요." 하고 거짓말을 하거나 긴장한 눈빛으로 대답을 하지 못하는데, 그날은 진짜 동생을 때리지 않았던 모양이었다. 아빠의 말에 아이는 억울함을 감추지 못하며, "아니에요, 진짜 안 때렸어요."하면서 대성통곡을 했다는 것이다.

이렇게 짐작을 통해 의심하듯 건넨 말은 어린 아이에게도 큰 상처가 된다. 설사 동생을 때렸다 하더라도 무조건 자신을 의심하는 부모의 말은 아이에게 상처로 남게 될 수도 있다.

"규리야, 려원이 왜 울어?"라고 오빠는 먼저 물었어야 했다.

"몰라요."라고 대답하면 "아빠는 려원이가 왜 우는지 궁금해. 규리가 려원이랑 같이 있었으니까 왜 우는지 가장 잘 알 것 같은데 아빠한테 이야기해 줄 수 있어?"

이렇게 말해도 아이가 모른다며 시치미를 뚝 뗀다면 모른 척 넘어가 주어야 한다. 보통은 다정한 목소리로 물으면 아이들은 사실대로 말하는 경우가 많다. "사실은요~" 하면서 말이다.

아이들에게 가장 두려운 건 아빠, 엄마에게 야단을 맞는 일이다. 그러다 보니 혼나지 않기 위해 거짓말을 한다. 하지만 부모가 좀 더 다정하게 말해 주면 자신이 솔직히 말해도 혼내지 않을 것 같다는 안정감이 들면서 아이는 사실대로 이야기하기도 한다.

내가 여기에서 자주 반복하고 있는 말이 있다. 바로 생각은 말이 된다는 것이다. 의심의 말들은 결국 상대를 의심하는 생각에서 비롯된다. 남편의 외도를 알게 되었을 때, 나도 바로 이혼을 결심하지는 않았다. 당시 5살인 딸아이와 10개월 된 아들이 있었기에 나는 더욱 신중하게 결정해야만 했다. 그래서 다시 잘 살아보려고 했다. 하지만 그럴 수가 없었다. 의심을 하기 시작하다 보니 제정신이 아니었다. 조금만 늦게 들어오거나 야근을 한다고 하면 나는 단번에 "거짓말이지? 또 여자 만나는 거 아니야?"라고 말했다.

남편도 그럴수록 내가 신뢰할 수 있도록 노력을 했다면 달라질 수 있었을지도 모르겠지만 화를 내는 것으로 대응했다. 바로 앞에서 말했던 '짐작'을 가지고 단정 짓듯 말하는 나로 인해 화가 나기도 했을 것이다.

의심을 한다는 것, 믿지 못한다는 것은 스스로를 괴롭게 만들고 하루하루 매 시간을 지옥에 갇혀 사는 일이다. 믿는 것부터 시작해야 한다. 믿는다는 것, 어찌 보면 무조건 '믿어라'하는 것은 모순일 수도 있다. 아무리 내가 믿고 싶어도 상대가 신뢰는 갖도록 하지 않는다면 공허한 말에 불과하다. 매번 거짓말을 둘러대고 약속했던 말조차 지키지 않는데 어떻게 믿겠는가.

하지만 상대를 바꾸는 것은 힘들다. 내가 바뀌는 것이 편하고 빠르다. 때론 믿는 대로 보이기도 하고 믿어야 보이는 것들도 있다. 믿음이 없는 관계는 금이 간 유리창과 같다. 언제 파삭하고 깨져버릴지 모를 위태로운 관계이다. 단절해야만 할 관계가 아니라면 믿어보자.

부하 직원에게 일을 맡길 때에도 "이 일을 해낼 수 있겠어?"라고 말하는 것보다는 "이 업무는 자네가 잘 할 수 있을 것 같아서 믿고 맡겨 보려는데 잘 할 수 있지?"라고 믿음으로 시작하는 말로 바꿔 말한다면 부하 직원은 상사가 나를 믿고 맡긴 업무라는 생각에 더욱 열심히 잘 해내기 위해 노력하게 된다. 또 자신을 믿어준 상사에 대한 고마움으로 호감을 갖게 될 것이다.

토머스 페인은 말했다.

"의심은 천한 영혼들의 친구요, 좋은 교제交際의 독毒이 된다."

고마운가? 그럼 제대로 표현하자

"짠! 선물이야. 생각나서 오는 길에 샀어."

"고마워. 그런데 뭐 하러 돈을 써. 부담스럽게. 앞으로는 사오지 마."

"뭐야, 기껏 생각나서 사왔는데. 그렇게 말하니까 좀 서운하네."

무언가를 바라고 하는 건 아니지만 그래도 선물을 할 때는 고맙다는 말을 듣고 싶고 좋아할 거라는 기대가 있다. 하지만 위에서처럼 말하는 사람이 의외로 많다.

많은 어머니들이 대개 그렇다. 내 엄마 또한 평생을 자신보다는 자식을 위해 사신 분이고, 당신의 입에 들어갈 것을 아껴 자식부터 챙기는 분이다. 그런 엄마를 나는 존경한다. 어릴 적 시장에서 통닭을 시키면 모래집과 닭발이 함께 튀겨져서 나왔다. 넉넉지 않은 형편에 통닭을 시키면 엄마는 우리에게는 닭다리와 살코기를 먹이셨고 당신께서는 닭발만 드셨다. 아이돌그룹 GOD의 '엄마는 자장면이 싫다고 하셨어'

라는 노래와 비슷한 이야기이다. 오빠와 나는 어린마음에 이렇게 생각했다.

'엄마가 정말 닭발을 좋아하시는 구나.'

그 후로는 엄마가 외출하셨을 때 우리끼리 통닭을 먹게 되면 엄마를 챙긴답시고 닭발만 잔뜩 남겨놓았다. 그러고는 엄마가 좋아하시는 모습을 상상하며 엄마를 기다렸다.

아직도 가족끼리 모여 옛 추억을 꺼낼 때마다 단골로 등장하는 이야기인데 할 때마다 지루하지 않은 나름은 웃지 못할(?) 추억거리이다. 그런 엄마는 아직까지도 자신보다 먼저 자식을 끔찍이 챙기면서도 정작 우리가 무언가를 해드리려고 하면 이렇게 말씀하신다.

"이런 걸 왜 사와, 너나 가져다 써. 앞으론 이런 거 사오지 마."

그때마다 너무 서운하고 속상하다. 주는 것에만 익숙하지, 받는 것에는 익숙지 않은 엄마였다.

엄마의 생신이 다가오고 있었다. 오빠와 나는 늘 부모님 댁에 가면 혼자서 잔뜩 상을 차리느라 바쁘고, 먹고 나면 치우기 바빠서 정작 우리와 이야기를 나눌 시간도 많이 갖지 못하는 엄마가 안타까워 생신 때에는 밖에서 식사를 대접하기로 했다. 하지만 엄마는 또 이렇게 말씀하신다.

"내가 집밥을 챙겨줄 건데 뭐 하러 나가서 먹어. 그리고 앞으로는 생일이라도 챙기지 말고 그냥 넘어가도 돼."

가끔 용돈을 드려도 "아직 엄마는 너희들이 주는 용돈 없이도 살 수 있어. 그러니 애들에게나 써. 나중에 엄마가 더 힘없고 나이 들면 그때 챙겨주렴."하고 말씀을 하신다.

하지만 엄마가 매번 고마움보다는 거절의 말을 하시다 보니 언제부턴가 나 역시 한 번 물어서 싫다고 하시면 두 번 묻지 않게 된다.

'엄마는 뭘 사드려도 해도 별로 좋아하지 않으시니까.'

그럼에도 불구하고 우리를 생각해서 하지 말라고 했던 것들을 진짜로 믿고 하지 않게 되면 분명 서운한 마음이 드실 것이다. 나이가 드신 부모님의 말씀은 거꾸로 생각하라는 이야기를 들은 적이 있는데, 사실일 것이다.

"나는 필요 없다, 놔둬라."

"바쁜데 주말에 집에 안 와도 된다."

"아직 너희들이 준 용돈도 남아 있다."

이런 말들을 모두 거꾸로 해석해야 한다는 것이다. 필요 없다고 하시는 것도 꼭 챙겨드리면 좋아하시고, 집에 오지 않아도 된다는 말에도 손주 녀석들을 우르르 데리고 가면 반가워하시며, 용돈이 있다고 하셔도 드리면 받아서 잘 쓰실 것이다.

집밥을 먹자고 하시던 우리 엄마 역시 생신 때 외식을 나간 식사자리에서는 너무 좋아하셨다.

"막상 나와서 너희들과 밥 먹으니깐 집에서 먹을 때보다 더 신나고 즐겁네."

엄마의 그런 모습에 그제야 우리도 기뻤고 또 더 자주 해드리고 싶은 마음이 들었다. 그래서 이렇게 말했다.

"엄마, 엄마가 지금보다 더 나이 들어 정말 우리가 챙겨드려야 할 때를 생각하시면 지금부터 받는 습관을 들이셔야 돼요. 이제 엄마는 주는 것보다는 받으시고 즐거워해야 우리가 더욱 챙기게 되는 거예요. 그러니 지금부터 자식들이 챙기도록 하는 습관을 들이셔야 해요. 엄마가 '선물도 용돈도 뭐 하러 이런 걸 챙기느냐.'라고 하시면 우리는 서운한 마음이 들고 해드려도 엄마는 좋아하지 않는다는 느낌이 들어 자연스럽게 하지 않게 되니까 자식들이 해드리는 건 꼬박꼬박 받도록 하세요. 그동안 우리 엄마는 우리한테 너무 많은 것을 내준 분이잖아요. 이제는 좀 받아도 돼요."

생각해보자. 나는 과연 지금까지 고마움에 대한 표현이 서툴렀거나 고마운 마음을 표현하는 데 반어법을 사용해오지는 않았는지. 상대를 위한다는 표현이 오히려 상대를 서운하게 만들었던 것은 아닌지.

고맙다면 그 고마운 마음을 적극적으로 표현해야 한다. 정말로 고마워하는 모습을 보고 상대는 더욱 즐겁게 생각할 것이며 더 도움을 주고 싶은 마음을 갖게 될 것이다. 리액션이 클수록 상대는 기뻐한다.

　직장 때문에 늦게 귀가하는 일이 잦아서 딸아이가 겨우 7살이 되던 해부터는 스스로 밥을 챙겨먹도록 가르쳤다. 돌봄 서비스를 이용해 딸아이를 돌봐줄 선생님과 지냈는데 나와 아이의 성향에 잘 맞지 않아 돌봄 선생님'없이 지낼 수밖에 없었고, 딸아이와 나는 어떻게든 방법을 찾아내야 했다. 아이에게 상황을 설명하고는 돌봄 서비스를 중단하고 홈 CCTV를 설치해 언제든 스마트폰으로 집에 있는 아이를 볼 수 있게 했다. 또 아이가 나와 이야기하고 싶어할 때는 키즈폰으로 전화할 수 있도록 했고, 좋아하는 아이스크림으로 냉장고를 채웠다. 아이가 유치원에서 돌아온 뒤 1시간에서 2시간만 잘 지내면서 기다릴 수 있도록 방법을 모색한 것이다.

　워킹맘으로서 아이와 관련된 일로 문제가 생길 때면 발을 동동 구르면서 눈물을 훔치며 참아내야 했던 것이 숱한 날들이었다. 혼자 감당해야 하는 일이어서 외롭기도 했고, 혼자서 해결해야 할 새로운 상황들이 닥치면 겁부터 났다. 남편과 함께 지냈을 때는 의논도 하고 기대고 하소연을 할 수도 있었지만 이제는 홀로 버텨내야 한다는 사실에 지독한 외로움에 시달리기도 했다.

어느 날이었다. 딸아이는 혼자서 밥을 챙겨 먹고는 내 밥까지 차려 놓고 뚜껑에 '엄마 밥'이라고 쓰고는 하트를 그려놓았다. 그리고는 퇴근을 하고 돌아온 내게 신나게 달려와 "엄마, 내가 엄마 밥도 차려 놓았어요."하고 소리쳤다.

"어머, 정말? 우리 현서가 엄마 밥까지? 우와 대단해 너무 고마워."라고 했어야 했다. 하지만 나는 일에 지쳐 있었고 빨리 씻고 쉬고 싶은 마음뿐이었다. 그래서 이렇게 말했다.

"현서야, 고마운데 엄마는 밥 안 먹어도 돼. 엄마 피곤해서 얼른 씻고 자고 싶으니까 현서도 얼른 치카치카부터 하세요~"

신이 난 표정이던 아이는 금세 표정이 어두워지더니 "네에."하고 힘없이 대답했다. 아이의 표정을 보고나서야 아차 싶었다. 아이는 그렇게 엄마 밥을 차려 놓고는 '엄마가 이걸 보시면 날 칭찬해 주실 거야. 엄청 고맙다고 하시겠지?'라는 기대감으로 내가 오기만을 기다렸을 것이다.

아이의 그런 마음을 다시 들여다보고 헤아려보니 너무 마음이 아팠다. 엄마가 자리를 비워 외롭게 지내야 하는 시간을 씩씩하게 버텨주는 기특한 딸아이에게 미치도록 미안했다. 어쩌면 나보다 더 힘들고 하기 싫었을 일들을 불평도 하지 않고 해냈던 딸아이에게 고맙다는 말 한마디 따뜻하게 해주는 게 뭐가 그리 어려웠을까. 어른들 때문에 또래들보다 일찍 철이 들어버린 아이에게 나는 무슨 짓을 하고 있는 걸까. 왜 아빠 그리고 동생과 떨어져 살아야 하는지 아무도 설명해 주지 않았어도 스스로 알아서 상황을 받아들였던 아이에게 나는 분명 죄를 짓고 있었다. 내가 그때 좀 더 버텼더라면, 남편을 용서하고 받아들이려 했더라면 이런 끔찍한 상황들보다 더 나은 삶을 살게 되지는 않았을까. 죄책감에 시달렸다. 고맙다는 말 한마디면 되는 거였다.

오늘에 이르러서야 그때 하지 못했던 말을 한다.

"딸아, 그때는 엄마가 고맙다는 말부터 해 주지 못해서 정말 미안했어. 늘 존재만으로도 고마운 나의 딸, 앞으로는 엄마가 고마운 일에는 꼭 고맙다고 말하도록 할게."

핑계 대지 말고, 자존심 세우지 말고

"때를 기다렸습니다. 포괄적이고 충분한 보상과 사과를 위한 것이었습니다."

"저희 아이들이 중환자실에서 얼마나 처절하게 죽어갔는지 아세요? 처음부터 사과를 하셨어야죠. 지금 얼마나 많은 시간이 흘렀는데 장난하세요? 사람 죽여 놓고?"

가습기 살균제 피해자들과 기자들이 모인 자리에서 공식 사과하겠다던 ○○대표가 사과가 아닌 핑계부터 늘어놓기 시작하자 유족들의 항의가 쏟아졌다. 그것도 사건이 발생하고 5년이나 지나서였다. 그 긴 시간 동안 무엇을 하고 이제 와서 사과를 하겠다는 것이며, 그나마도 정확한 피해상황도 파악하지 않고 구체적인 보상계획 또한 내놓지 않는 그의 말에 피해자들은 격분했다. TV를 통해 지켜보던 나까지도 답답한 마음에 절로 한숨이 나왔다.

판매가 중지되기까지 2백만 개가 넘게 팔린 가습기살균제는 임산부부터 어린아이까지 안타깝게 목숨을 뺏기거나 폐

이식수술을 받거나 평생 산소통을 끌고 다녀야 하는 등 심각한 폐 질환으로 고통을 겪도록 만들었다. 그 길고 긴 시간 동안 피해자들은 사랑하는 가족이 목숨을 잃거나 평생 병마와 싸우며 살도록 만들었다는 슬픔과 자책감까지도 견디며 살아야 했다. 그럼에도 끈질기게 재수사를 요구해 마침내 사실을 밝혀냈지만 가해자인 회사 대표는 진솔한 사과와 보상에 대한 약속 대신 말도 안 되는 핑계만 늘어놓고 있었던 것이다.

사과는 잘못을 느낀 즉시 인정하고 구체적으로 무엇을 잘못했는지, 상대의 기분을 헤아리고 공감해야 하며 나의 입장을 이해시키려 하지 않아야 한다. 잘못한 일이 있다면 무조건 미안하다고 사과해야 하는 것이다.

많은 사람들이 가습기 살균제 때문에 목숨을 잃고 평생을 산소통에 의존하며 살아야 한다는 걸 그 대표는 이해하고 있기는 한 것일까? 한 아이는 세 살 때부터 달고 지내던 산소통을 학교에 입학해서도 떼지 못했다. 여느 아이들처럼 운동장에서 신나게 뛰어 놀지도 못하고 바라만 봐야 한다. 정말 그들의 마음을 헤아렸다면 충분한 보상과 사과를 하기 위해 5년 동안 때를 기다렸다는 말 같지도 않은 말을 할 수 있었을까?

"너무 늦게 사죄를 드리게 되어 죄송합니다."라는 말부터 시작해야 했다. 아니 사건이 터진 그 즉시 진상을 파악한 후 사과했어야 했다.

자기변명에만 관심을 가지고 있는 사람은 상대의 감정을 살피고 헤아리지 않는다는 것에 대해서는 앞에서 외도를 했던 한 여자의 사례를 통해 이야기했었다. 그녀 또한 남편이 자신의 외도 사실을 알게 되었을 때 가장 먼저 '어떤 핑계거리를 가지고 현재의 상황을 모면할까?'가 아니라 솔직하게 인정하고 진솔하게 사과했어야 했다.

나 역시 겪었던 일이다. 우연히 보았던 남편의 핸드폰에 녹음되어 있는 다른 여자와의 통화 내용을 들었을 때는 몸이 떨리고 꿈을 꾸는 것 같았고 무섭기까지 했다. 상황을 알게 된 남편의 입에서 나온 첫마디는 "미안하다"가 아니라 "아 진짜, 이걸 왜 봐? 왜 남의 핸드폰은 왜 뒤지고 그래?"라는 말이었다. 사실, 보려고 해서 본 것도 아니었다. 외도를 했다는 사실보다 그런 반응이 내게는 더욱 충격적이었다. 아마도 제대로 사과를 받고 그가 다친 마음을 헤아려주며 따뜻하게 다독여 줬더라면 삶이 달라졌을지도 모르겠다.

사실 갈등상황에서 한쪽이 백 퍼센트 잘못한 경우는 흔치 않다. 정도의 차이만 있을 뿐 양측 모두 일정 정도 갈등에 대한 책임이 있다. 하지만 대부분의 경우 자신의 잘못을 쉽게 인정하지 않는다. 그러다 보니 "미안하다."는 말을 잘 하려고 하지 않는다. 특히 남자들이 그렇다. "미안하다."는 말로 사과를 하는 걸 자신이 불리한 위치로 떨어지고 자신이 '졌다'고 생각하기 때문이라고 한다.

하지만 사과하는 것은 지는 게 아니다. 사과를 통해 용서를 받고 관계가 호전된다면 사과를 하는 사람이 오히려 이익을 얻는 것이다. 즉 사과란 상대를 위해서가 아니라 나 자신을 위한 행동인 것이다.

그렇다면 제대로 사과를 하기 위해서는 어떻게 해야 할까?

상대가 화가 나 있는데, 서먹한 분위기가 싫어서 "내가 다 잘못했어!"라고 사과를 한다면, 상대는 화가 풀어질까? 그렇지 않다. "뭘 잘못했는지는 알아?"라고 오히려 반격할 것이다. 즉 제대로 된 사과를 하기 위해서는 자신이 무엇을 잘못했는지 명확하게 알아야 하고 그 잘못에 대한 미안함을 표현하고 잘못을 고치겠다는 약속을 해야 한다.

앞에서도 말했지만 사과를 할 때는 "하지만 사실은…"이라고 사족을 붙여 변명을 하려고 해서는 안 된다. 변명에도 타이밍이 필요하다. 꼭 필요한 말이라면 상대가 사과를 받아들인 뒤에 해야 한다.

다음으로는 조건부 사과를 피해야 한다는 것이다. 가령 "네가 화가 났다면 미안해."와 같은 말이다. 이 말은 '내가 그다지 잘못한 것은 없지만 네가 마음이 상했다면 미안하다.'는 의미다. 즉 지금의 상황을 불러온 책임을 상대에게 전가하는 것이 된다.

살다 보면 누구나 잘못을 저지르게 된다. 사과는 자신의 잘못을 인식하고 개선하겠다는 책임감을 나타내는 말이다. 잘못을 솔직하게 인정할 때 오히려 상대로부터 신뢰를 회복할 수 있는 것이다.

사과는 잘못을 알게 된 그 즉시 깨끗하게 해야 한다. 그것이 좋지 않은 상황으로부터 벗어날 수 있는 유일한 길이다. 빠져나갈 길을 찾으려 하지 말자. 그런 길은 존재하지 않는다.

알고 했든 모르고 했든 내 잘못으로 인해 누군가 피해를 본 사람이 있다면 반드시 사과해야 한다. 자존심을 내세울 일이 아니다. 어린 아이에게라도 잘못을 했다면 즉시 사과해야 한다. '착하니까 이해했을 거야.' '어리니까 잊어버릴 거야.' 그런가? 천만에!

내게 상처를 주는 말에는 STOP 버튼을

내게는 절친이 있다. 간호사로 일하는 그녀가 전화를 하면 '영은'이란 이름 대신 '반가운 전화 앵~'이라고 뜬다.

그녀는 중, 고등학교 동창이었다. 중학교 때는 잘 모르는 채로 지냈고 고등학교 때는 같은 반으로 3년을 지냈지만 아주 특별한 사이는 아니었다. 우리가 가까워지고 돈독한 관계가 된 것은 대학시절이었다. 친구들 대부분이 고향과 가까운 광주에서 대학을 다녔다. 나만 홀로 수도권에서 지내야 해서 방학 때는 물론이고 주말에도 시간만 나면 무조건 광주로 달려가 친구들을 만나곤 했었다.

영은이는 고교시절 제일 가깝게 지냈던 진영이와 함께 자취를 하고 있어서 자주 만나게 되면서 가까워졌다. 그녀는 정말 착한 사람이다. 나는 그녀가 화를 내는 모습을 본 적이 없었다. 한번은 다른 친구 하나가 그녀에게 내가 듣기에도 마음이 상할 만한 말을 무심코 내뱉은 적이 있었다. 하지만 그녀는 화를 내지 않았다. 나는 신기한 눈으로 그녀를 바라보았다. '나 같으면 벌써 따지고 들었을 텐데….' 나중에 나는 그녀에게 이렇게 물었다.

"너는 그런 말을 듣고도 기분 나쁘지 않아?"

"내가 화를 내봤자 서로 기분만 상하고 분위기가 이상해지잖아."

이 말은 기분이 나빴지만 참았다는 뜻이다. 어찌 보면 그녀는 화를 낼 줄 모르는 것 같았다. 인간으로서 기분 나쁜 말을 듣고 화가 나지 않는 사람은 드물다. 그런 사람은 성인의 반열에 오른 사람일 것이다. 그럼에도 그녀가 그런 말을 듣고도 화를 내지 않았다는 것은 화를 참는 것이 습관처럼 굳었기 때문일 것이다.

심리클리닉 전문가 양창순은 이렇게 조언했다.

"여러분의 가장 큰 문제는 정작 화를 내야 할 때 상처받은 나보다 상대방의 기분을 더 걱정한다는 것입니다. 내가 화를 냈다가 저 사람까지 기분이 나빠지면 어쩌지? 괜히 싸움만 더 커지는 거 아니야? 가해자의 기분을 걱정하는 피해자라니. 그러니 화를 내려야 낼 수가 없죠. 그런 여러분께 이제부터 드릴 처방전은 이것 하나밖에 없습니다. '건강한 까칠함.' 내가 정한 선을 넘은 사람들에겐 까칠하게 보이는 연습입니다. 그리고 그 시작은 화에 대한 고정관념을 깨부수는 것이죠. 아마 여러분 모두가 이렇게 듣고 자라왔을 겁니다. 화라는 건 남의 기분을 망치는 공격적인 감정이라고. 헌데 정작 심리학에서 말하는 화는 오히려 내 기분을 지키기 위한 방어적인 감정에 더 가깝습니다. 마치 과속 방지턱과 같은 것이죠. 도로에서 보행자를 지키기 위해 과속 방지턱을 설치하듯 우리 역시 도를 지나치는 그들로부터 나를 지키기 위해 '관계의 방지턱'을 세워야 하는 것입니다."

건강하게 화를 낼 줄도 알아야 한다. 내가 싫은 것, 기분 나쁜 것, 상대의 말에 대한 나의 감정을 표현할 줄 알아야 한다. 너무 참기만 하다 보면 분명히 속병이 생겨 좋을 리도 없지만 상대 역시 참기만 하는 당신을 '저 아이는 참 착해.'를 넘어서 어느 순간 무시를 하게 되고 무시하는 마음을 갖게 되다 보니 더욱 말을 함부로 내뱉게 된다. 학창시절에 괴롭힘을 당하는 아이들을 보면 물론 체격이 왜소하거나 약해 보이는 경우도 있지만 처음부터 자신을 공격하는 이들에게 '싫다, 화가 난다.'는 표현들을 잘 하지 못하는 경우가 대부분이다.

참으면 병이 된다. 화병도 그래서 있는 것이다. 자신의 감정을 표현할 줄 알아야 한다. 물론 앞에서 나는 줄곧 상대방의 기분을 상하게 하는 말을 피해야 한다고 말했다. 하지만 나부터 지킬 줄 알아야 한다. 상대에게 기분 나쁜 말로 상처를 주라는 것이 아니다. 내가 싫은 것과 화가 난 이유를 상대가 알 수 있도록 분명하게 표현할 수 있어야 한다는 것이다. "나는 네가 이런 말을 할 때면 기분이 나빠. 그런 말은 하지 않았으면 좋겠어."라고 단호하게 말할 수 있어야 한다는 것이다.

무조건 화를 눌러버리기보다 화를 '잘 낼 줄' 알아야 한다. 이것은 분노조절 장애처럼 자주 화를 내라는 말이 아니다. 앞에서 이야기한 '관계의 방지턱'을 잘 세우라는 것이다. 상대가 나의 기분과 감정을 건드리는 말이나 행동을 할 때 STOP 버튼을 눌러야 한다. 그렇게 말 표현을 하지 않으면 상대는 내가 무엇 때문에 기분이 상했는지를 전혀 알지 못한다. 그리고 그렇게 되면 상대는 계속해서 나의 감정을 건드리는 말과 행동을 서슴지 않고 하게 된다.

누군가 나의 마음을 다치게 하는 말을 하는가? 그렇다면 STOP 버튼을 누르자.

가슴을 흔드는 말

나부터 Make 하기

　누군가를 위해 나를 변화시켜야 한다면 그보다 힘들고 어려운 일도 드물다. 먼저 나 자신을 위할 줄 알아야 한다. 나를 사랑할 줄 모른다는 것은 결국 다른 사람도 사랑할 줄 모른다는 것과 같다. 나를 위할 줄 모르는 사람은 남도 위해 주지 못한다.

　이것은 이기적인 생각을 가지라는 말인가? 아니다. 이기적인 것과 나 자신을 위해 준다는 것은 다르다. 이기적이라는 것은 나밖에 모르는 것이나 먼저 나를 위해 준다는 것은 그것이 바로 다른 사람을 위해 주는 출발점이기 때문이다.

　상대만 위하다 보니 정작 나를 챙기지 못하는 사람들이 있다. 누군가의 가슴을 흔들려면 그 전에 '나부터'가 먼저인 '나를 위할 줄 아는 사람, 나를 사랑할 줄 아는 사람'으로 나를 Make 해야 한다. 나조차 나를 귀히 여기지 않는다면 다른 누가 나를 귀하게 여기겠는가. 누군가를 위하는 일도 결국 내가 행복할 때 가능하다.

'감정노동자'라는 말을 들어본 적이 있을 것이다. 감정노동은 실제로 자신이 느끼고 있는 감정을 감추고 상대가 요구하는 감정을 표현하도록 강요받는 일을 말한다. 흔히 고객을 대면 접대해야 하는 직업에 종사하는 사람들이 하는 일이다. 이런 직업을 가지고 있는 사람들이라면 아무리 '갑질'을 당해도 내면의 감정을 억누르고 웃어야 할 때의 마음을 잘 알 것이다.

내가 밝은 미소와 표정을 짓는 유일한 이유가 고객을 위해서라고 생각한다면 그 순간부터 감정적으로 힘들어진다. 긍정적인 생각을 갖고 긍정적인 생각에 집중하며 고객의 말과 행동에 쉽게 상처받지 않을 수 있는 힘을 길러야 하는 것은 당연하다. 하지만 한 걸음 더 나아가야 한다. 밝은 표정과 미소를 짓는 것이 고객을 위해서만이 아니라 나 자신을 위한 것이라고 각성해야 하는 것이다.

내가 하는 말과 행동이 오로지 누군가를 내편으로 만들거나 상대로부터 무엇을 얻기 위해서라거나 최소한 적의를 품지 않도록 하기 위해서라면 금방 힘들어지고 지치게 된다. 밝은 표정과 입가에 떠올리는 미소는 나의 행복을 위한 것이어야 한다.

나는 판매직원들을 대상으로 서비스 강의를 할 때, 미소가 지니고 있는 중요성에 대해 강조하면서 이렇게 말하곤 한다.

"복은 미간을 통해서 들어온다고 합니다. 그런데 평소에 자주 얼굴을 찡그리게 되면 이마에 川(내 천) 자가 새겨져 미간이 좁아지게 되므로 복이 들어오기 힘들지요. 그리고 미간으로 들어온 복은 코를 통해서 타고 내려와 입에 담깁니다. 입은 바로 그 복을 담는 그릇이지요. 우리가 자주 웃게 되면 자연스럽게 입 꼬리가 올라가게 됩니다. 관상학적으로도 부자가 될 상이라고 하지요. 또 피부는 중력에 의해 아래로 쳐지게 되는데 웃는 것을 습관으로 삼다 보면 저절로 입 꼬리가 위로 올라가 탄력 있는 피부를 유지할 수 있으니 일석이조입니다. 꼭 고객을 위해서가 아니라 안티에이징(화장품에서는 노화방지를 뜻함)을 위해서라도 내가 가장 많은 시간을 보내는 매장에서 자주 웃어야 하지 않을까요? 물론 자주 웃기 위해서는 긍정적이고 밝은 생각을 가져야 하겠지요. 고객을 위해 웃는 것이 아니라 바로 나 자신을 위해 웃도록 합시다."

메이크업을 하는 것은 다른 누군가를 위해서만이 아니다. 나 스스로의 만족감을 충족하기 위해서 메이크업을 한다. 말도 마찬가지다. 내가 하는 말을 예쁘게 메이크업하는 것은 듣는 사람을 위해서만이 아니라 나 자신을 위해서이기도 하다. 내 말을 예쁘게 메이크업해서 표현하게 되면 다른 사람과 좋은 관계를 맺게 되고 주변에 나를 좋아하는 사람이 모이게 된다.

　나는 결혼을 하고 나서 남편과 아이들만 바라보고 살았다. 좋은 아내 좋은 엄마로 살고 싶었다. 내 것을 아껴 남편과 아이들에게 주었다. 그러다 정작 남편이 내 마음처럼 나를 챙겨주지 않으면 가끔씩 서운한 생각이 들기 시작했다. 남편이 "너도 너부터 챙겨."라고 했지만 잘 되지 않았다. 헌신하는 것을 내게 맡겨진 역할처럼 당연하게 생각했다.

　후에 이혼을 생각하게 되면서 나는 뒤늦게 정신을 차리고 깨달았다. 내가 먼저 행복해야 가족들도 행복해진다는 것을. 나부터 챙겨야 가족들도 더 잘 챙길 수 있다는 것을. 그것이 건강한 삶이라는 것을.

　사람들은 내가 챙기고 헌신하는 만큼 내게 주지 않는다. 무언가를 바라서 주었던 것은 아니지만 무의식 속에는 나도 내가 한 만큼 받고 싶었을 것이다. 내가 그렇게 헌신하고 잘 해주면 내게 고마워하며 더욱 잘할 것으로 생각했다.

　하지만 현실은 그렇지 않다. 그때가 되어서야 '내가 그동안 어떻게 해왔는데, 어떻게 나한테 이럴 수 있어. 내가 대체 잘못한 게 뭐지?'라면서 억울해 하고 원통해서 잠을 이룰 수 없게 되었던 것이다.

　나는 다른 사람을 위해 나를 희생하며 산다는 것이 얼마나 어리석고 미련스러운 짓들이었는지 깨달았다. 그리고 나를 위해 주며 살기로 했다.

돌이켜 보니 결혼을 하고 난 뒤의 나는 꿈조차 잃고 살았던 바보가 되어 있었다. 꿈을 꾸고 꿈을 이루고 또 다른 꿈을 꾸면서 살아왔던 내가 가정을 지킨다는 명분 아래 죽은 삶을 살고 있었다.

나는 다시 꿈을 꾸기 시작했고 새롭게 도전하는 삶속에서 『완벽한 강의의 법칙』이라는 책을 출간하며 작가가 되었고 다시 책을 쓰고 있다. 그리고 나는 또 다른 꿈을 꾸며 그 꿈을 향해 나아가고 있다.

꿈을 쫓으며 바쁘게 살아가는 동안 아이와의 함께 보내는 시간은 줄었지만 그래도 나는 살아 있음을 느끼고 예전보다 훨씬 더 멋진 모습을 가진 엄마가 되었다. 아이도 엄마와 많은 시간을 함께 하지 못하는 것을 원망하기보다 오히려 응원하며 자랑스럽게 여긴다.

얼핏 희생하는 삶은 숭고한 것처럼 보인다. 하지만 그것은 결국 나를 소진시키고 말려 버린다. 오히려 한 인간으로서의 삶을 충실하게 살 때 내가 위해 주고 싶은 이들도 더 행복해진다. 내가 불행하면 내가 사랑하는 사람들도 결코 행복해지지 못하기 때문이다. 그리고 이제 나는 그것을 안다.

소중한 관계는 소통에서부터

아르바이트 구인구직 포털사이트 '알바몬'이 남녀 대학생을 대상으로 '이성의 이해할 수 없는' 행동에 대한 설문조사를 했다.

남학생들이 가장 이해할 수 없는 여자들의 행동

옷을 사지도 않으면서 열 번도 넘게 입어보는 것(7.2% : 6위), 먹고 자고 우는 순간까지 일거수일투족을 사진으로 찍어대는 셀카 본능(7.9% ; 5위), 예쁘고 귀엽다고 칭찬하면서 소개해 주는 친구는 다 자기보다 못생긴 친구(8.2% ; 4위), 실컷 욕하고 흉본 친구를 만나자마자 엄청 살갑게 잘 대하는 것(11.2% ; 3위), 솔직히 말하라고 해서 솔직히 대답하면 화내는 것(19.8% ; 2위), 화가 난 이유를 말해 주지 않고 퀴즈처럼 맞추게 하는 것(1위)

여학생들이 가장 이해할 수 없는 남자들의 행동

화가 나면 이유를 말하고 푸는 게 아니라 입을 꾹 닫고 자기만의 동굴로 들어가는 것(9.4% ; 6위), 약간만 친절을 베풀어도 자기한테 넘어왔다고 넘겨짚고 앞서 나가는 것(11.1% ; 5위), 착한 여자가 좋다더니 예쁜 여자가 착한 거라고 하는 것(11.2% ; 4위), 왕년에는 '내가~' 등등 지나친 과장과 허세(11.7% ; 3위), 뭘 잘못했는지도 모르면서 대충 미안하다고 말하며 넘어가려고 하는 것(13.9% ; 2위), 둘 사이에 있었던 일을 주변 친구나 지인들에게 다 떠벌리고 다니는 것(17.5% ; 1위).

남학생들은 여학생들의 이해할 수 없는 행동으로 '화가 난 이유를 말해 주지 않고 퀴즈처럼 맞추게 하는 것'을 1위로 뽑았다.

"내가 뭣 때문에 화가 났는데? 말해봐!"

여자들은 화가 난 이유를 상대에게 말하기보다는 먼저 알아주기를 바란다. 남자는 화가 난 이유를 말해 주지 않으니 답답해 미칠 노릇이다. 그래서 일단 사과부터 하고 보자 싶어 "미안해, 잘못했어."라고 이야기하면 그대로 사과를 받아 주기는커녕 "뭘 잘못했는데? 알고나 사과하는 거야?"라며 그냥 넘기는 법이 없다.

여학생들이 뽑은 남자들의 이해할 수 없는 행동 6위를 보면 '화가 나면 이유를 말하고 푸는 게 아니라 입을 꾹 닫고 자기만의 동굴로 들어가는 것'이 있다.

말로 정확히 이야기해야 안다. 소통 수단인 말을 끊어놓으면 당연히 상대는 알 수도 이해할 수도 없다. 말하지 않으면 귀신도 모른다. 상대가 먼저 알아주기를 바라는 마음이겠지만 상대는 나와 다르다. 다르기 때문에 알지 못한다. 화를 내는 기준이 다른데 어떻게 모든 것을 이해할 수 있겠는가?

Accept : 받아들이다. 당신과 상대가 다르다는 것을 받아들이고 인정하고 이해해야 한다. 그래야 소통할 수 있다. 소통은 이해에서 비롯된다. 이해를 하는 순간 서로 쉽게 통하는 길이 열리고 소중한 관계가 될 수 있는 것이다.

상대는 내가 아니다. 그래서 왜 화가 났는지 이해할 수 없는 것들이 있을 수 있고 화가 나는 기준이 다르기 때문에 잘 모를 수도 있다. 무작정 상대가 그 이유를 알아주기 바라는 것은 이기심이고 욕심이다. 무작정 말하지 않고 피해 버리는 것은 소통 수단 자체를 차단해 버리는 일이다. 소통을 차단하게 되면 결국 그 관계 또한 단절된다.

우리는 상대에게 화가 났거나 그로 인해 미워지고 싫어지면 "꼴 보기 싫다."라는 말을 하곤 한다. 일단 보고 싶지가 않다. 어쩔 수 없이 봐야 하는 상대라면 해도 '말'을 섞고 싶지가 않다. 말하기가 싫다. 소통을 먼저 차단하고 싶어진다.

하지만 소통이 끊기면 찾아오는 것은 답답함이다. 왜 화가 났는지조차 이야기하지 않고 말문을 닫아버리면 상대는 답답해 미칠 것 같다. 화가 났다고 연락을 일체 받지 않고 메시지에 답변도 하지 않으면 어떻게 꼬인 것들을 풀어갈지 방법이 없다. 인터넷을 사용하는데 다운이 되어 '응답 없음' 메시지가 뜨고, 마우스를 아무리 이리저리 클릭해도, 키보드의 어떤 키를 눌러도 소식 없을 때의 답답함과 같은 것이다.

상대가 답답해 미치라고 일부러 복수하는 것이 아니라면 소통 수단을 끊는 일만큼은 하지 말아야 한다. 관계를 끝내고 싶지 않다면 말이다. 내가 말하지 않고 숨어버린다면 상대도 결국은 지쳐 관계를 놓아 버리게 될지도 모른다. 소통을 하려면 일단 받아들이려는 자세로 들어 주어야 한다. 그리고 소통 수단을 단절할 것이 아니라 무엇 때문에 화가 나고 서운한 감정들이 생겼는지 말로 표현하기도 해야 한다. 말을 메이크업하기 전에 먼저 그 통로를 차단하지 않도록 해야 한다. 소통을 하기 위해 가장 많이 사용되는 수단이 바로 말이다.

말을 하지 않고는 어떠한 것도 시작될 수 없다. 말 외에도 다른 방법의 소통들이 있지만 사람들은 소통을 보통 말로 한다. 말하다 보니 어떤 사람인지 알게 되고 말하다 보니 친해지고 말하다 보니 정이 쌓인다. 말로써 소통이 잘 이루어질 수 있도록 해야 한다.

누구나 그렇겠지만 나 역시 정말 다투는 것을 싫어한다. 그 감정적인 문제 때문에 하루가 지옥 같기도 하고 기분이 엉망이 되기도 한다. 서로가 함께 할 소중한 시간들과 감정을 낭비하는 것이 아깝고 안타깝기 때문이다. 그래서 난 그날 쌓인 감정들은 반드시 그날 풀어내려 노력한다.

연인이나 친구, 가족 중 서로 다툼이 생기면 아예 등지게 되는 경우도 있고 많은 시간을 얼굴조차 보고 지내지 않는 경우도 있다. SBS 예능 프로그램인 '미운 오리새끼'에 출연한 허지웅은 동생과 작은 다툼으로 7, 8년이나 만나지 않고 지냈다고 한다. 허지웅 형제 또한 말 때문에 서로 감정이 상한 것이 소통의 수단을 끊게 했고 그것이 형제관계까지 끊어져 버리는 일이 되었던 것이다.

관계를 단절시켜버릴 것이 아니라면 소통을 끊지 않도록 해야 한다. 소중한 관계를 잘 유지하려면 소통부터 하려는 노력이 필요하다. 물론 다툼이 생겼을 때 감정을 진정시킬 시간은 필요하다.

하지만 그 시간이 오래가지 않도록 해야 한다. 때를 놓치면 관계의 단절로 이어지기 쉽기 때문이다. 누구나 다툼에 대한 경험이 있을 것이다. 다투고 나서 소통에 필요한 연락과 대화가 없다면 관계가 그것으로 끝난 경험 또한 있지는 않은가? 소통의 수단이 끊어지면 관계를 더 이상 유지할 수 없는 것만은 확실하다.

아무런 이유 없이 연인과 연락이 닿지 않는다. 연인에게서 연락이 없다. 그러면서 SNS에 사진은 꾸준히 올라온다면? 당신과의 소통 수단만을 단절한 것이다. 결국 관계도 끝났음을 의미한다. 상대의 말과 행동에 화가 많이 났더라도 막상 상대의 이야기를 듣다 보면 가끔 그것이 이해가 될 때도 있다.

'내가 몰랐던 부분이 있었네. 오해를 했구나. 그럴 수도 있었겠구나.' 하고는 관계를 다시 회복할 수도 있다. 보통 싸우다가도 소통의 수단만 열려 있다고 한다면 마지막은 화해로 마무리 된다.

하지만 소통할 수 있는 수단 자체를 아예 단절해 버린다면 상대를 이해할 수 있는 방법도 없거니와 상대 역시 당신을 이해시킬 방법이 없기 때문에 관계가 단절될 수밖에 없다. 그러한 소통 단절이 관계 단절로 계속해서 이어지다 보면 어느 날 주위를 돌아봤을 때 소중했던 사람들이 곁에 하나도 남아 있지 않을 것이다.

　불편한 감정이 오래갈수록 이득이 될 것은 단 하나도 없다. 서로가 감정적으로 힘든 일이다. 힘들지 않고 편해질 수 있는 선택은 나만이 할 수 있는 일이다. 그것은 화해를 위한 소통이다. 힘든 것을 선택하고 있기 때문에 힘든 것이다.
　내가 먼저 손을 내밀어 보자. 서로의 관계 회복을 위해서는 반드시 받아들이려는 마음으로 인정하고 이해하려는 소통의 노력이 필요하다. 상대를 받아들이려는 인정과 이해하려는 노력보다 당신의 고집만을 내세우려 하면 그것 역시 대화라는 소통의 수단을 열어 놓았다 할지라도 불통하고 있는 것이다. '무조건 나만 잘한 것이다, 나만 옳은 것이다.'라는 생각 역시 소통할 수단을 끊어 놓는다. 수로가 열려 있어도 잡다한 쓰레기와 같은 것들로 막혀 있다면 물은 흐르지 못하게 되는 것과 같은 맥락이다.

　소통疏通은 막히지 아니하고 잘 통하는 것, 뜻이 서로 통하여 오해가 없는 것을 말한다. 막히는 것이 있으면 서로 잘 통할 수가 없다. 말하지 않으려 하고, 들으려 하지 않고, 받아들이려 하지 않는다면 소통할 수 없고 관계를 이어나갈 수 없다.

통해야 누군가의 가슴을 흔들 수 있다. 통하는 것으로 서로의 가슴을 흔들게 되고 그러한 관계는 소중해지게 된다. 소중함은 바로 거기서부터 시작된다. 통하는 것에서부터. '소'중한 관계는 '통'하는 것에서부터 시작된다.

잘 들어준다는 것

Keep ; 잘 들어야 관계를 유지한다

"이민자 추방 중단! 중단!"

한 청년의 목소리가 차분한 연설장에 크게 울려 퍼진다. 이민개혁법을 촉구하는 오바마 대통령이 연설을 막 시작할 무렵이었다. 청년은 더욱 목소리를 높이며 "이민자 추방 중단! 중단! 정부는 추방을 멈춰라!"라고 외쳤다.

경호원들이 연설을 방해하는 청년을 끌어내기 위해 다가가자 오바마 대통령은 경호원들을 제지하며 "괜찮아요, 놔두세요. 청년을 이 자리에 있게 해 줍시다."라며 청년에게 질문을 했다.

"민주주의를 위해서는 급할수록 돌아가야 한다고 생각합니다. 당신이 이야기하고자 하는 바가 뭔가요? 말해보세요."

오바마 대통령은 연설장에서 자신의 목소리를 높이는 이가 있다면 그들의 발언을 존중하고 차분하게 그들의 말부터 먼저 듣는다. 그런 오바마 대통령의 모습은 많은 이들이 존경할 수밖에 없는 이유 중의 하나일 것이다. 그가 진정한 리더인 이유이며, 그래서 나 역시 그를 존경한다. 그는 취임할 때와 퇴임할 때의 지지율이 별 차이가 없는 50% 이상이라는 놀라운 지지율을 유지하며 끝까지 리더로 인정받았다.

나는 그것이 바로 국민과의 소통 능력 때문이라고 생각한다. 사람들의 가슴으로 다가가는 연설과 대통령이 아닌 옆집 삼촌, 주먹인사를 즐기는 형과 같은 친근한 이미지, 경청의 자세로 소통하려는 모습들이 많은 사람들의 가슴을 흔들고 마음을 얻은 것이다.

경청하지 않으면 상대를 알 수도 이해할 수도 없다. 듣지 않으려 하기 때문에 상대가 무엇을 원하는지 알 수 없을 뿐더러 동문서답하며 서로 대화가 통하지 않게 된다. 즉 소통이 되지 않아 관계가 자꾸 삐걱거리고 틀어지는 것이다.

들으려 하지 않는 것도 소통 수단을 단절하는 것이다. 경청하지 않는 것 역시 관계의 단절이라고 할 수 있다.

나는 딸아이가 말을 배우기 시작하면서 말로 자기표현을 잘 하는 것을 보며 너무 좋았다. 혼낼 때에도 기죽지 않고 할 말을 하는 모습을 보면 오히려 화가 풀리고 귀엽고 기특하기까지 했다. 그런 딸아이가 어느 순간 억울한 일이 생기면 전처럼 제 할 말부터 하는 것이 아니라 울기부터 했다.

아이가 왜 그렇게 변해 버렸을까를 생각했다. 나와 남편의 관계가 삐걱대면서부터였던 것 같았다. 남편과 함께 집에 있는 게 싫어 말도 없이 집을 나가 오빠네와 친구 집을 전전하며 1주일을 넘게 보냈었다. 엄마 바보였던 딸아이는 엄마가 어디로 갔는지도 모르고 연락도 되지 않는 상태에 있게 되었으니 얼마나 애가 탔을까.

그때의 나는 나만 생각했다. 아무것도 보이지도 들리지도 않고 모든 게 싫었다. 다른 가정도 마찬가지겠지만 아빠와 엄마 중에서 혼을 내는 역할과 달래는 역할로 나눠 맡는다. 남편은 무서운 아빠 역할을 했다. 그런데 내편을 들어주던 엄마 대신 아빠와 함께 보내야 했던 시간들이 딸에게는 힘들었을 것이다.

나는 집으로 돌아왔지만 딸아이는 이후부터 말대답을 하지 않았다. 자기표현을 하지 않았다. 야단을 맞으면 전에는 "이래서 이랬거든요."라면서 깍쟁이처럼 또박또박 말대답을 했을 텐데 그 이후로는 억울해도 말을 하지 않았다. 나중에 무릎에 앉혀 놓고 물어보면 그제야 왜 그랬는지를 이야기하곤 한다.

초등학교에 들어간 작년부터는 화를 잘 내고 자기표현이 지나쳐 반항에 가까운 행동을 하기 시작했다. 이유를 고민해보았다. 아이와 대화를 나누는 시간이 너무나 부족했음을 깨달았다. 오늘은 학교에서 무엇을 배웠는지, 누구와 친하게 지내는지 그러한 일상들을 묻지 않았다. 그럴 여유조차 갖지 못했다.

엄마와 이야기를 나누고 싶어 하는 아이를 발견하지 못했다. 나는 아이의 말을 들으려 하지 않았다. 아이를 바꾸려는 게 아니라 내가 바뀌어야 했다.

"치이~ 엄마는 나한테 관심도 없고."

아이의 말이 귓가에 스치듯 들려왔다. 엄마가 자신에게 관심이 없다고 생각하는 아이의 말. 사실 아이에게 신경을 많이 쓰지 못하고 있었다. 아이에게 더 이상 상처를 주지 않기 위해서는 내가 바뀌어야 했다.

"엄마랑 요즘 이야기도 많이 못하고 서운했지? 엄마는 현서의 이야기가 사실 그동안 너무 궁금했어. 매일 '빨리 일어나, 빨리 자.'라고만 하고 현서 이야기를 잘 들어주지 않아서 엄마가 현서에게 관심이 없다고 생각하고 속상했지? 그런 생각을 하게 해서 너무 미안해."

나는 말문을 열었다. 말 그대로 아이와 닫아버린 말의 문을 열었다. 그러면서 오늘 학교에서 무엇이 가장 재미있었는지 누구와 제일 친하고 누가 제일 좋은지를 묻고 아이가 내게 말하는 동안 더욱 신이 나도록 리액션을 해 주며 아이의 눈을 바라보고 이야기를 들었다. 난 우리 딸이 그렇게 남자친구들로부터 고백을 많이 받는 '인기녀'인 줄 그제야 알게 되었다.

"딸! 누가 너 좋아한다고 하면 너무 헤프게 막 좋아하고 그러지 마. 적절히 시크하게 굴어야 해. 엄마 따라 해봐. 남자친구가 좋다고 그러면 살짝 미소만 지으면서 시크하게, '응 그래 고마워.' 이렇게만 말해. 너무 좋아하는 티를 내면 푼수 같잖아."

모녀는 오랜만에 까르르 웃으며 즐거운 저녁시간을 보냈다. 아이의 표정이 밝아지는 걸 느꼈다. 자신의 이야기를 쏟아낼 때에는 너무나 신이 나 보였다.

미안했다. 이렇게 하고 싶은 이야기가 참 많았을 아이에게 그 몇 분의 시간을 내 주지 못했다는 것이.

어쩌다 아이의 말을 들어주는 날에도 저녁 준비를 하거나 집안일을 하느라 귀로만 들었지 아이의 눈을 바라보지 않았었다. 서비스교육을 할 때에는 그렇게도 아이컨택이 중요하다고 강조하며 고객의 눈을 바라보고 이야기하라고 했으면서도 정작 나는 내 아이 눈을 보면서 아이의 말을 들어주지 않았던 것이다.

바쁘다는 핑계로, 힘들다는 핑계로 아이의 이야기를 듣지도 않고 소통을 단절해 버린 엄마 때문에 아이는 화가 나고 서운했던 것이다.

Know ; 잘 들어야 잘 알 수 있다

경청. 듣기만 한다고 경청을 잘 하는 것은 아니다. 잘 들을 줄 알아야 한다. 듣는 것에도 방법이 있다. 잘 들어야 상대를 잘 알 수 있으므로 경청은 중요하다.

상대의 이야기를 잘 듣기 위해서는 첫째, 먼저 상대가 하려는 말을 잘 들으려는 생각이 중요하다. 대부분은 듣는 것보다 말하는 걸 좋아한다. 그러다 보니 자기 말을 하는 데만 바빠 상대의 말을 끝까지 듣지 않고 끊어버리는 경우가 많다. 또 듣고 싶은 것만 들어 혼자서 오해를 하는 경우도 있다.

"그게 아니라, 끝까지 좀 들어봐. 왜 사람 말을 다 듣지도 않고 그러는 건데?"

상대가 이런 말을 한다면 나는 경청을 잘 하는 사람이 아니다.

연인, 친구, 부부 사이의 다툼에서도 자기 말을 하기에 바빠 상대의 말을 끝까지 듣지 않아서 생기는 경우가 많다. 상대의 말을 듣지 않으면 소통에 문제가 생긴다. 상대는 자신의 의도대로 전달하지 못하게 되고 나는 제대로 듣지 않아 상대를 이해할 수 없게 된다. 하다못해 말싸움을 잘 하기 위해서도 상대의 말을 잘 들어야 한다. 상대의 주장을 들어야 논리적인 허점을 파고들 수 있고 반박할 수 있다. 상대가 하는 말을 듣지 않고 동문서답으로 말싸움을 할 수는 없는 노롯이니 말이다.

사실 공감하는 경청이 잘 되지 않는 이유는 상대의 이야기를 내 경험에 비추어 생각하기 때문이다. 내 경험과 생각에 따라 상대의 이야기를 평가하고 판단을 내려 재단한다. 그러면서 상대의 이야기에 집중하는 대신 다른 생각을 하면서 내가 할 이야기를 생각하고 있기 때문인 경우가 흔하다.

『성공하는 사람들의 7가지 습관』의 저자 스티븐 코비도 성공하는 사람이 되려면 수준 높은 경청의 태도를 가져야 한다고 했다. 입으로는 친구를 잃고 귀로는 친구를 얻는다는 말도 있다. 상대가 전달하고 싶은 이야기를 끊지 않고 상대가 전달하려는 말을 모두 전달할 때까지 진심 어린 마음으로 이해하려는 자세로 경청하도록 하자. 사람들은 자신의 이야기를 잘 들어주는 사람들에게 그것만으로도 호감을 갖게 된다.

첫째, 경청에서 중요한 것은 상대의 말을 받아들이려는 태도이다. 상대가 아무리 좋은 이야기를 하더라도 받아들이려 하지 않고 부정적인 것에 집중하게 되면 모든 것이 부정적으로 들릴 수밖에 없다.

받아들인다는 것은 농작물을 심기 위해 논과 밭을 가는 일과 같다. 농작물이 쉽게 뿌리를 내릴 수 있도록 하기 위해서는 단단해진 땅을 부드럽게 풀어 주어야 한다. 마찬가지로 상대의 말을 듣기 전에도 마음의 밭을 갈아야 한다. 단단하게 닫혀 있는 마음으로는 누구의 이야기도 들을 수 없고 들리지 않으며 받아들이지 못하게 된다.

받아들이지 못한다면 결국 소통 또한 불가능해진다. 원활한 소통을 위해서는 경청이 먼저다. 경청은 소통을 위한 수단이고, 방법이기 때문이다.

둘째, 경청에서 중요한 것은 아이컨택(Eye-Contact)이다.

1989년 미국의 심리학자 캘러만과 루이스는 낭만적인 실험을 한 가지 했다. 한 그룹은 특별한 지시 없이 남녀를 한 공간에 있도록 했고 또 한 그룹은 마주보고 상대의 눈을 바라보게 했다. 2분 후 특별한 지시를 하지 않았던 남녀와는 달리 눈을 바라보게 했던 그룹에서는 서로에 대한 호감도가 상승했다는 로맨틱한 결과를 얻었다. 눈 맞춤이 호감도와 비례한다는 것이다.

우리는 상대가 거짓말을 하고 있다고 생각되면 "내 눈을 똑바로 쳐다보고 말해." 라고 한다. 눈은 사람의 진실을 표현하는 수단이기도 하기 때문이다.

화가 나면 다른 행동들보다도 눈빛부터가 달라진다. 눈만 봐도 사람을 알 수 있다. 쑥스러우면 상대의 눈을 쳐다보는 것이 어렵기도 하다.

눈은 감정을 품고 있다. 눈은 내면의 감정을 지어내 표현할 수가 없다. 그래서 상대가 화가 났는지, 쑥스러워 하고 있는지 눈을 보는 것만으로도 알 수 있다. 눈을 보며 이야기를 나누어야 한다는 건 그래서이다. 거짓을 말할 수 없는 눈을 통해 서로의 진심을 나눌 수 있기 때문이다.

셋째, 경청에서는 상대의 말에 대한 적절한 리액션이 중요하다. 서비스 '대화' 교육에서 고객을 응대할 때 1, 2, 3화법을 많이 사용하라고 한다. 1번 말했으면 2번 상대의 이야기를 들어주고 3번 리액션(맞장구)을 하라는 것이다.

내 생각으로 이 세상에서 리액션을 가장 잘 하는 사람은 바로 '아줌마'들인 것 같다. 지하철, 식당 등에서 간혹 만나는 4, 50대의 중년 아줌마들을 보면 다소 시끄럽다 싶기도 하지만 서로의 이야기를 들어주며 상황에 맞게 박장대소를 하는 등 적극적인 리액션을 한다. 그들을 잘 관찰해보면 몸을 앞으로 기울여 말하는 사람에게 집중하고 눈을 마주치며 이야기를 듣는다. 서로 상대의 이야기를 적극적으로 경청하려는 데서 저절로 나오는 행동들이다.

리액션은 다양하게 표현할 수 있다. 비언어적인 것으로는 상대의 이야기에 맞는 표정과 고갯짓, 몸짓 등으로 표현할 수도 있고 상대의 말을 이해하고 있고 충분히 공감하고 있다는 말이 될 수도 있다.

“그럴 수도 있었겠다. 정말 힘들었겠네.”

“그럼 그 사람은 너를 그렇게 생각해온 거래?”

“정말?” “그래서?” “어머!” “아휴~” 등과 같이 질문이나 추임새로도 상황에 따른 리액션을 취하기도 한다.

KBS ‘아침마당’을 오랫동안 진행해온 이금희 아나운서는 출연자들의 안타까운 사연들을 듣게 되면 공감한다는 표정과 함께 “휴~” 하고 한숨을 내쉬는 모습을 자주 볼 수 있었다. 굳이 이야기하지 않아도 그녀의 긴 한숨이 “얼마나 힘드셨어요.”라는 말을 대신한다. 그리고 그녀의 리액션에 출연자들은 입을 열고 솔직한 이야기들을 술술 털어 놓는다.

하지만 공감을 표현한다고 할 때 주의해야 할 점도 있다. 즉 “내 생각에 너는 ~를 해야 해.”와 같은 섣부른 조언이나 위로를 한답시고 “그건 아무 것도 아니야. 나는 더한 것도 겪었어.”와 같은 말들이다. “그만 잊어.” “정말 안 됐다. 그래도 기운 내.”와 같은 동정심의 표현, 상대의 생각을 바로잡아 주려고 하는 태도 또한 좋지 않다.

이청득심以聽得心이라는 말이 있다. 귀를 기울여 들으면 사람의 마음을 얻을 수 있다는 의미다. 들을 ‘청聽’이라는 한자

를 보면 귀 이(耳), 임금 왕(王), 열 십(十), 눈 목(目), 하나 일
(一), 마음 심(心) 자로 이루어져 있다. '임금은 열 번 이상 잦
은 눈맞춤으로 상대를 이해하고자 하는 하나 된 마음을 가
져야 비로소 들리게 된다.'는 의미라 할 수 있다. 임금이 나
라를 잘 다스리기 위해서는 신하들의 말에 경청해야 한다는
뜻이지만 그만큼 경청이 중요하다는 점을 지적하고 있는 말
이기도 하다.

사람의 마음을 얻고자 하는가? 그렇다면 상대의 가슴을
흔들 수 있는 무언가가 있어야 한다. 그중 하나는 진정성 있
는 경청, 즉 상대의 말에 먼저 귀를 기울여 주고 공감해 주
는 일이다.

『말주변이 없어도 대화를 잘하는 법』의 저자 김영돈은 이
렇게 말했다.

"상대의 진심을 알고 싶다면 경청하라, 열심히 경청하면
마음의 소리까지 들린다. 결국, 말하기보다 경청이 상대의
마음에 접근하는 비결이다."

진심어린 헤아림과 공감

Earnest. '진심어린'이라는 뜻을 가지고 있다. Earnest에는 Ear(귀)라는 단어가 있다. 위에서 언급한 경청이 제대로 행해져야 진심어린 마음으로 상대를 이해할 수 있고 그것으로 상대의 가슴을 흔들 수 있다는 이야기이다.

1996년 이탈리아 파르마대학 지아코모 리촐라티(Giacomo Rizzolatti) 연구팀은 원숭이가 접시에서 땅콩을 집을 때 특정 뉴런이 반응을 나타냈고 놀랍게도 다른 사람이 땅콩을 집을 때에도 상대의 뇌에 동일한 뉴런이 반응을 나타내는 것을 알아냈다. 다른 사람의 행동을 보는 것만으로도 내가 행동하는 것처럼 느껴지는 것에서 이를 '거울 뉴런'이라고도 불린다.

UCLA 의과대학 마르코 야코보니 교수는 이렇게 말했다.

"이 세포가 중요한 이유는 다른 사람의 행동을 이해하는 세포이기 때문입니다. 특정 행동을 취할 때 뇌에서 발생하는 세포 반응이 타인의 행동을 관찰할 때도 생깁니다. 예를 들어 제가 목이 마를 때 차를 마신다면 당신이 차를 마실 때 당신의 마음을 예측할 수 있습니다. 당신이 목이 말라서 차를 마셨다는 것을 이해할 수 있죠. 이러한 간단한 원리로 상대방의 마음을 읽을 수 있고 진화를 통해 상대방의 행동을 분석할 수 있습니다. 거울 뉴런은 행동뿐 아니라 감정에 있어서도 같은 원리로 작용합니다. 우리는 상대방의 행동을 보고 그것을 이해하고 분석할 수 있습니다. 다른 사람이 미소를 보이면 나의 거울 뉴런을 통해 그 사람이 무엇을 느끼는지도 이해할 수 있습니다. 그래서 거울 뉴런이라는 이름이 생겼죠. 거울에 비친 타인의 행동을 보고 그들에게 공감하는 것입니다. 인간은 무의식적으로 타인의 행동을 모방하고 있습니다."

우리는 내가 겪지 않았음에도 누군가의 이야기만 듣고도 그의 사연에 공감해 울기도 하고 웃기도 한다.

"그 상황에서 얼마나 힘들고 슬펐을까?"

누군가의 상처를 보면 내가 다친 것이 아님에도 아픔이 느껴지기도 한다. 마치 내가 직접 겪은 것처럼 느껴지기 때문이다. 그것은 마음이 작용한 것처럼 보이지만 사실 우리 뇌가 가지고 있는 공감 신경세포, 거울 신경세포(Mirror neuron)가 작용하기 때문이라고 한다. 여자가 남자에 비해 더욱 공감을 잘 하고 드라마에 빠져드는 이유 역시 여자의 '거울 신경세포'가 남자보다 발달했기 때문이다. 이는 뇌의 작용으로만 끝나지 않고 공감이라는 연결고리를 통해 다른 사람과의 관계형성에 큰 영향을 끼치고 가까워지도록 해 준다.

4차산업혁명이니 AI이니 하면서 미래에 대한 고민을 하고 있는 이들이 많지만 AI로 대체할 수 없는 영역, 즉 인간의 감정영역 중에서도 공감능력은 미래 시대의 핵심 키워드가 될 것이라는 의견이 많다.

영국 BBC는 "AI와 로봇이 많은 산업에서 인간을 대체하겠지만, '감정'이 중요한 직업에서는 대신할 수 없을 것."이라면서 "인간을 실제로 이해하고 소통하는 능력에 있어 AI가 인간과 거의 경쟁할 수 없고, 인간의 얼굴과 목소리로 감정을 인식할 수 있는 소프트웨어가 개발 중이지만 '진정한 공감'(genuine empathy)은 아직 멀었다."라고 보도했다.

그렇다고 하면 공감능력은 인간이 지니고 있는 신의 선물이다. 사람은 공감세포를 가지고 태어나고 그 공감세포는 계속해서 성장한다. 즉 태어날 때부터 이미 상대와 공감하고 밀접한 관계를 맺는 능력을 타고난다는 것이다. 하지만 선천적으로 지니고 있는 것이라 할지라도 쓰지 않으면 성장을 멈추고 퇴화한다. 즉 상대의 마음과 처지를 헤아려 보지 않게 되면 공감세포의 성장도 멈춘다. 즉 다른 사람과 공감하지 못하는 비사회적인 성격을 갖게 될 수도 있다.

공감능력은 사람마다 경험과 학습에 따라 달라진다. 발달하기도 하고 퇴화하기도 한다. 유전적인 요소에만 미뤄버릴 수 없는 것은 이 때문이고, 노력을 해야 할 필요가 있음을 웅변한다. 바로 상대의 입장에서 생각하고 그 상황과 마음을 헤아려 보려는 노력을 해야 한다는 것이다.

'내가 상대방이었다면 어땠을까?'라는 질문을 스스로 던져야 한다. 그래도 도저히 상대를 이해하기가 어렵다면 그때에는 내가 이해하지 못하는 어떠한 이유가 분명 있을 거라고 '인정'하는 것도 중요하다. 이해가 안 되면 '나와는 다르기 때문'이라는 인정을 하라는 것이다.

받아들이려는 마음으로 상대의 이야기를 들어보자. 상대의 이야기에 공감하기 위해서는 앞에서 강조한 경청과 '헤아림'이 있어야 한다.

나영석 PD는 예능 프로그램을 통해 시청자의 공감을 끌어내기 위해 리얼리티, 평범함, 음식, 그리고 누구나 좋아할만한 선한 인상의 연예인을 등장시킨다. 예능은 무조건 웃겨야 한다고 모두가 생각했다면 그는 전혀 다른 사고로 다른 것에 집중했다. 바로 시청자가 '공감'할 수 있어야 한다는 것이다. 시청자가 어떠한 것을 원하는지, 그 프로그램을 바라보는 시청자들의 마음을 헤아리고 공감하게 하려 했던 것이다.

그는 새롭고 독특하기보다는 평범하고 보편적인 것이 진짜 창의성이라고 정의한다. '1박 2일'이나 '삼시세끼'를 보면 바쁜 도시생활에 지친 사람들을 대신해서 편안하고 힐링이 되는 시골여행, 시골생활이 테마다. 한번쯤은 '그렇게 지내고 싶다.'고 생각하는 사람들이 그의 프로그램을 통해 대리만족을 느끼기 때문에 좋아하고 시청하는 것이다. 누구나 좋아할만한, 누구나 공감할만한 테마로 그는 시청자들의 가슴을 흔들었고 성공을 거둘 수 있었다.

TVN '응답하라 1998, 1988' 시리즈로 나왔던 드라마나 무한도전에서 큰 인기를 끌었던 "토요일, 토요일은 가수다(토토가)"처럼 시청자의 마음을 사로잡을 수 있었던 것 역시 그 시대의 추억거리들을 떠올리게 하고 그 시대의 추억을 갖고 있던 시청자들과의 '추억 공감'이라는 것이 존재했기에 가능했던 일이다. '옛 추억이 깃든 그 시대에 향수를 느끼고 싶은 사람들이 많지 않을까?'라는 '헤아림'에서 출발했기 때문에 시청자들의 가슴을 흔들고 공감을 이끌기에 충분했던 것이다.

비즈니스 컨설턴트 마이클 르뵈프(Michael Leboeuf) 교수는 『새 고객을 만들고 평생 고객으로 삼는 법』이라는 책에서 이렇게 이야기한다.

"내게 옷을 팔려고 하지 말고 대신 좋은 인상과 멋진 스타일, 그리고 매혹적인 외모를 팔아주세요. 내게 집을 팔려 하지 말고 대신 안락함과 자부심을 팔아주세요. 내게 장난감을 팔려고 하지 말고 대신 내 아이에게 줄 수 있는 유쾌한 순간들을 팔아주세요. 내게 물건을 팔려고 하지 마세요. 대신 꿈과 좋은 느낌과 자부심과 일상의 행복을 팔아 주세요."

제품을 많이 팔고 싶다면 일상 속에서 공감의 주제를 발견하라.

부모가 아이와 함께 장난감을 사러 왔다면 부모에게 장난감의 기능에 대해 설명하는 대신 아이들이 장난감을 가지고 놀 때 어떠한 것에서 즐거움을 느끼게 될지를 판매 소스로 삼아야 한다. 즉 고객이 어떠한 말에 가슴이 흔들리고 구매하고 싶어지는지에 대한 헤아림이 필요하고 공감할 수 있어야 한다는 것이다. 장난감을 사러 온 고객은 부모지만 잘 헤아려 보면 그 제품의 진짜 고객은 아이이다. 그 아이에게 장난감을 사주고 싶은 부모는 '아이가 장난감을 선물로 받았을 때의 즐거움과 행복'을 사고 싶은 것이다.

고객의 그 마음을 헤아리고 두드려 공감을 이끌어 내야 판매가 가능해진다. 공감은 내 관점, 내 기준에서 바라보는 것이 아니라 상대방의 관점에서 생각하고 바라봐야 한다.

상대와 함께 느껴야 하고 상대방의 마음속으로 들어가 진심어린 마음으로 헤아릴 때 비로소 상대의 가슴을 흔들 수 있다. 그 공감이 관계에 있어 정을 쌓이게 한다.

가슴을 흔드는 진정성

　박지성은 누구도 알아주지 않았지만 끈기 하나로 버티면서 악착 같이 훈련을 했고 히딩크 감독의 눈에 띄어 대표선수로 발탁되었다. 그런 박지성이 미국 월드컵에서 왼쪽다리 부상으로 시합에 나가지 못하고 텅 빈 탈의실에 홀로 앉아 있을 때 히딩크 감독이 통역관과 함께 찾아왔다.

　"훌륭한 정신력을 가지고 있으니 그런 정신력이라면 반드시 훌륭한 선수가 될 수 있을 것이다."

　박지성은 가슴이 뛰었다. 늘 멀리 떨어져 있는 것 같았던 히딩크 감독의 말은 그에게 큰 힘이 되었고, 세계적인 축구선수가 될 수 있도록 이끌어주는 계기가 되었다.

　누군가는 나의 칭찬과 격려의 말 한마디로 자신감과 자존감을 높이는 계기가 될 수 있고 꿈을 이루는 발판이 될 수도 있다. 또 누군가는 아픈 상처로부터 벗어나게 되는 한마디가 될 수도 있다.

　사람의 가슴을 흔드는 말 중에서도 가장 강력한 말이 칭찬

이다. 상대가 진심으로 칭찬하는 말을 들었을 때 싫은 사람
은 없다. 아마도 칭찬의 효과에 대해 모르는 사람도 없을 것
이다. 그럼에도 거듭해서 강조하는 것은 알면서도 몸에 익히
지 못했던 것을 다시 각성해 반드시 체화體化해야 한다고 믿
기 때문이다. 그만큼 중요한 까닭이다.

미용실에서 펌을 하고서 후회를 하거나 만족하지 못하는
고객이 있다고 하자. 그리고 고객에게 이렇게 말했다고 해
보자.
“고객님은 얼굴이 작아서 펌을 하고 나니까 헤어가 더 풍
성해 보여서 작은 얼굴이 훨씬 돋보이세요. 생머리보다는 훨
씬 잘 어울리는데요.”
아마도 마음에 들어 하지 않았던 생각이 바뀌어 “그런가?”
하고 이내 기분이 좋아져서는 만족하기도 한다. 옷 매장에
서 피팅을 할 때에도 이리저리 거울을 비춰보며 “치마가 너
무 짧은가?” 하며 구매를 망설이는 고객에게 판매직원이 “고
객님은 다리가 예뻐서 긴 치마로 가리고 다니시는 것보다는
짧은 치마로 몸매의 장점을 살리는 것이 훨씬 더 좋을 갓 같
아요.” 라고 하면 망설임도 잠시 기분 좋게 구매하게 될 것
이다.
아부와 칭찬은 다르다. 거짓으로 어떠한 목적을 위해서 하

는 말은 아부다. 하지만 바라는 것 없이 진정성이 담아서 하
는 말은 칭찬이다.

칭찬은 상대 역시 공감할 수 있는 것이어야 한다. 과장해
서 말하거나 누가 봐도 이해할 수 없는 걸 칭찬한다면 진정
성을 느낄 수 없다. 그런 칭찬은 역효과를 불러올 뿐 절대로
통하지 않는다. 누가 봐도 뚱뚱한 사람에게 날씬하다고 해봐
야 칭찬으로 듣지 않는다. 오히려 상대는 어떤 목적을 가지
고 칭찬을 늘어놓는지 의심하게 되거나 놀리는 것으로 받아
들인다. 당연히 기분이 좋을 수가 없다.

진심은 반드시 통한다. 진정성이 빠진 칭찬은 상대도 분명
히 느껴서 안다. 가슴을 흔들 수 있는 것은 진정성이 담보되
어 있을 때뿐이다.

연봉협상과 관련해 대표님과 이야기를 나눌 때였다. 대표
님은 서류 작성이 모두 끝나자, 업무를 비롯해서 회사에 대
해 아쉬운 점은 없는지 질문을 했다. 서류만 작성하고 나가
는 건 줄 알았는데 대표님의 질문을 받자 그것만으로도 감
사했다. 직원에 대해 관심을 두고 있다는 표현이라 생각했
기 때문이다.

너무 갑작스레 받은 질문이기도 했지만 딱히 불만을 가질
만한 게 없다고 말씀드렸다. 다른 직원들은 야근을 하는데

아이를 핑계로 일찍 퇴근하는 편이었기에 더욱 그랬다. 대표님은 내게 늘 잘 웃고 밝은 모습이 보기 좋다며 칭찬을 해 주셨다. 그러면서 이런저런 이야기 끝에 "일하면서 아이를 키우다 보면 힘든 부분들이 많을 텐데 일찍 퇴근한다고 미안하게 생각할 필요가 없다."라고 격려해 주셨다.

다른 직원들은 많은 업무 때문에 밤 11시에 퇴근하는 팀도 있었고 보통 7, 8시 정도에 퇴근하는 게 대부분이었다.

"다른 직원들은 늦게까지 고생하는데 제가 육아를 핑계로 일찍 퇴근해서 미안할 따름입니다."라고 대답하자 대표님은 "미안한 일이 아니지. 당연한 거야 그건. 중요한 일을 하지 않고 퇴근하는 거야 문제가 있겠지만 퇴근시간이 되면 가야지. 늦게까지 일한다고 해서 일의 성과가 좋은 것도 아닌데."라고 말씀해 주셨다.

그동안 일찍 퇴근하는 것에 대한 미안함으로 불편했던 나의 마음을 헤아려 주고 먼저 그것을 두드려 말씀해 주신 것에 너무 감사했다. 마음이 한결 가벼워졌다. 그리고 '더욱 더 최선을 다해 일해야겠다.'는 생각이 들었다.

급하게 진행된 2박 3일의 해외출장을 가야 하는 상황에서도 "해외출장을 다녀와!"라는 명령이 아니라 먼저 "갈 수 있겠니?"라고 물으셨다. 내가 아이 엄마라는 것을 알기에 먼저 배려해서 물어주신 것이다. 그러면서 개인적인 부분까지도 세심하게 신경을 써 주셨다.

대표님이 진정성을 가지고 직원을 대하시는 모습에 모든 직원들이 좋아하고 잘 따랐다. 연말에는 직접 사비로 백화점에서 판매되는 20대의 여성들이 선호하는 가방브랜드를 제비뽑기로 뽑아 선물을 해 주시기도 했다. 평소 웃음도 호탕하시고 밝은 에너지를 지니고 계시는데 가끔 대표실에서 들려오는 호탕한 웃음소리를 듣고는 우리 모두 따라 웃기도 했다. 밝은 에너지가 전염이 되었던 같다. 진정성을 가지고 직원들을 진심으로 아끼며 마음을 헤아려 주시는 마음을 알고 있었기에 모든 직원들이 좋아하고 따른 것이다.

중국 항저우로 출장을 갔을 때의 일이다. 출장 전날 환전을 해서 가방에 넣어 두고 아침에 출발을 하면서 가방이 작아 불편할 것 같아 좀 더 큰 가방으로 짐을 옮겼다가 항저우 공항에 도착해서야 환전한 돈을 두고 온 것을 알게 되었다.

지갑에는 3만 원 남짓이 있었을 뿐이었고, 호텔까지 혼자 이동해야 할 상황이었다. 후회를 해봤자 소용이 없었다. 3만 원을 환전해도 100위안 정도가 모자랐다. 당황스러웠지만 사태를 인정하고 난관을 극복해야 했다. 그때 40대 후반으로 보이는 두 남자 분들이 공항을 나서고 있었다.

"혹시 한국 분이세요?"

“네 그런데요.” 그분들은 고개를 끄덕이며 나를 바라보았다.

“정말 죄송한데요. 제가 환전한 돈을 집에 두고 오는 바람에 호텔까지 갈 돈이 부족해서 그런데, 죄송하지만 택시비를 빌릴 수 있을까요? 꼭 갚아드릴 게요.”

“픽업을 오시는 분도 없으세요?”

“네, 업무 때문에 왔는데 주말이라서 저 혼자서 호텔까지 이동해야 하거든요. 계좌번호를 알려 주시면 제가 한국에 돌아가는 대로 바로 입금해 드릴게요.”

나는 내 명함을 그들에게 건네주었다.

“뭐, 줄 때는 받을 생각하지 않고 주는 거죠. 혹시 몰라서 넉넉하게 200위안을 드릴 테니 받으세요.”

그분은 흔쾌히 내게 200위안을 건네주었다. 우리 돈으로 3만 5천 원 정도였는데, 처음 보는 사람에게 아무렇지도 않게 내 줄 정도로 작은 돈은 아니다. 어쨌든 나는 그분 덕분에 무사히 호텔에 도착할 수 있었고, 와이파이가 되는 것을 확인하고는 스마트뱅킹으로 4만 원을 입금해드렸다. 그리고 문자를 보냈다.

‘많이 당황하셨죠? 공항에서 도움을 받은 김인희입니다. 처음 보는 제게 흔쾌히 돈을 빌려 주셔서 정말 감사했습니다. 빌려주신 금액은 조금 전에 바로 입금해드렸습니다. 다시 한 번 감사 말씀드립니다. 정말 감사합니다. 남은 여정 즐

겁게 보내세요.'

　돌려받을 수 있을지 없을지 모르는 상황에서 그것도 처음 보는 사람에게 돈을 빌려주는 것은 쉽지 않은 일이다. 그분의 마음씨가 선하셨기 때문이지만 그럼에도 불구하고 하나의 이유가 더 있다고 생각한다. 도움을 요청하는 나를 보고 상습적인 '꾼'의 느낌이 아니라 정말로 어려움에 처해 도움을 청한다는 진정성이 느껴졌기 때문일 것이다. 타국에서 진짜로 어려움에 처한 동포라는 믿음이 흔쾌히 그분의 지갑을 열도록 하지 않았을까?

　누군가의 가슴을 흔드는 말은 진정성이 있느냐 없느냐에 달려 있다. 진정성은 거짓 없는 참된 마음을 일컫는다. 그리고 인간과 인간 사이에 신뢰감을 줄 만한 내면적 상태를 가리키기도 한다. 내 나름대로는 '거짓 없는, 머리가 아닌 가슴에서 우러나오는 진실한 말,' 그것을 나는 '진정성 있는 말'이라고 정의해본다.

　진정성이 있는 말이라면, 굳이 누군가를 공감시키려 하지 않아도 그의 가슴을 흔든다. 진정성 있는 말은 꾸며서 할 수 있는 것이 아니기 때문이다. 사람을 움직이는 가장 강력한 힘은 진실에서 나오는 법이다. 그런 면에서 배우 차인표가

한 말의 울림이 크게 다가온다.

"누군가 말을 할 때 그 말에 진정성이 있는지 알려고 하면, 말하는 입이 아니라 그 사람이 살아온 삶을 봐야 해요. 어떤 삶을 살아왔느냐가 그 사람을 대변하거든요."

토닥토닥 쓰다듬어 주는 말

하고 싶은 말보다 듣고 싶은 말을 먼저 하자

한 취업포털에서 구직자를 대상으로 가족, 친지들이 모두 모이는 명절에 가장 듣기 싫은 말과 듣고 싶은 말에 관한 설문을 실시했다.

구직자들은 "취업은 했니?"라는 말을 가장 듣기 싫다고 했으며, 그밖에 "앞으로 어떻게 먹고 살래?" "살 많이 쪘네. 관리 좀 해야지." "너무 고르지 말고 아무데나 들어가." "차라리 기술을 배우는 게 어때?"와 같은 말들이 가장 듣기 싫다고 답했다.

반대로 구직자들이 가장 듣고 싶어 하는 말은 이랬다.

"때가 되면 다 잘 될 거야."

"너를 믿는다."

"젊었을 때 하고 싶은 거 다 해봐."

"네 소신대로 밀고 나가렴."

답변을 죽 훑어보면 듣기 싫어하는 말에는 불신과 폄하와 자존감을 무너뜨리는 훈수가 배어 있고, 듣고 싶어 하는 말에는 희망과 믿음이 들어 있음을 알 수 있다.

늘 좋은 이야기를 해 줄 수는 없다. 가끔은 따끔한 충고도 필요하다. 하지만 그렇지 않아도 많이 힘들어 하는 사람에게 가장 힘이 되는 이야기는 냉혹한 현실에 따른 조언이 아니라 그가 듣고 싶어 하는 말이다. 상대는 자신의 상황에 대해 이야기하며 듣고 싶은 말에 분명한 힌트를 준다.

"이런데 너라도 화가 나지 않겠냐?"라고 말한다면, 그는 "당연하지. 나라도 화가 나겠다. 그래서 네가 화가 난 거구나."라는 말을 듣고 싶은 것이다. 먼저 상대의 말에 공감을 해 주고 상대가 듣고 싶은 이야기를 먼저 해 준 다음에 그가 감정을 추스르고 나면 비로소 내가 하고 싶은 이야기를 해 주어도 늦지 않는다. 물론 최대한 그의 감정을 긁지 않도록 조심스럽게 기분을 상하지 않도록 말하는 것이 중요하지만 말이다.

구직자들이 명절에 가장 듣기 싫다고 했던 말들은 이미 수많은 사람들로부터 들어왔던 말들이다. 취업에 대해 가장 큰 고민을 하고 있는 사람은 구직자 자신이고, 그가 가장 힘들다. 누구보다도 답답하고 힘들다. 그런 상대에게 전혀 새롭지도 않고 창의적이지도 않은 말을 충고랍시고 혹은 생각을 해 준답시고 얹는 말을 듣기 싫어하는 것은 당연하다. 그런 말을 듣는 순간 그의 머릿속에서는 '내가 알아서 할 건데 왜 이렇게들 참견이야? 힘들고 고민스러운 건 난데. 그렇다고 내 문제들 해결해 줄 것도 아니잖아.'라는 말이 아우성칠 것이다.

그렇다면, "생각처럼 잘 안 되지? 네게 아직 기회가 오지 않았을 뿐이야. 좋은 곳에 들어가려고 이렇게 오래 고생을 하는 거야. 조만간 좋은 곳에 취업할 수 있을 거야. 넌 잘 준비하고 있으니까 말이야. 그러니 힘내."와 같은 말은 어떨까. 앞에서 들었던 말과는 달리 힘이 나고 상대에게 고마움과 호감을 느끼게 되지 않을까?

이혼을 하고 매우 힘든 시간을 보내고 있을 때였다. 가족 중에서 내게 이런 조언을 했다.

"이미 물은 엎질러진 거고 이왕 이렇게 된 거 어쩌겠어. 이렇게 아파하고 힘들 거면 이혼을 하지 말았어야지. 힘들다고 이렇게 처져서 울기만 한다고 뭐가 나아지는 게 있어? 그 사람 원망해서 뭐할 거야? 원망하는 너만 힘든 거야. 결국 네가 지금 원망하고 있는 사람도 네가 선택한 거잖아."

하나도 틀린 말이 아니었다. 구구절절 옳은 말이었다.

하지만 '나는 피해자야.'라는 마음으로 원망이라도 하는 게 그 시간을 견디는 힘이었던 내게 "네가 선택한 거잖아."라는 말은 상황을 인정하고 다시 일어서는 힘을 주는 대신 오히려 자존감을 무너뜨리고 괴로움을 가중시켰을 뿐이었다.

어쩌면 그때 나는 무조건 나를 다독여 주고 토닥여 주는 손길을 바랐던 것 같다. 아직은 상처를 딛고 씩씩하게 일어설 힘이 없었고 그래서 나를 부축해 주고 위로해 줄 손길이 그리웠던 것 같다. 하지만 주변에서는 하는 말들은 내가 듣고 싶었던 따뜻한 말이 아니라 채찍처럼 살갗을 파고드는 말들이었다. 현실적이고 이성적인 조언들 말이다.

그런 말들이 나를 현실로 돌아가 다시 살아갈 힘을 내도록 도움을 주었을까? 전혀 그렇지 않았다. 그 말들은 나를 더욱 힘들게 하고 서럽게 하고 자존감을 무너뜨렸을 뿐이었다. 그들의 말은 내게 "네가 선택을 했으니 네가 그 결과에 대한 책임을 져."라는 말로 들렸다.

물론 그들은 나를 아껴 주는 사람들이었다. 우울하게 지내는 내가 걱정되고 답답해서 한 말일 뿐이며, 현실적으로 지극히 옳은 말이었다. 그의 마음을 이해할 수는 있었다. 하지만 그가 가족이 아니라 남이었다면 제 아무리 수십 년 우정을 쌓은 친구라도 관계를 끊어버렸을지도 모른다.

힘들다는 걸 표현하는 것은 "내 마음을 좀 알아줘. 위로가 필요해. 나 좀 다독여줘."라는 뜻이다. "내가 지금 가장 듣고 싶은 건 내 마음을 알아주고 위로해 주는 따뜻한 말이야."라는 절실한 뜻이기도 하다.

아이는 손가락에 아주 작은 상처만 나도 "엄마 손가락에서 피가 나요." 하며 금방이라도 울음을 터트릴 것처럼 달려온다.

아이의 마음을 헤아려 보자. 상처도 아주 작고, 아주 많이 아파보이지도 않는다. 하지만 아이가 엄마에게 달려오는 마음은 어떤 것일까? 다친 손가락을 엄마가 보고 깜짝 놀라면서 "괜찮아? 아휴, 아팠겠다."라고 하면서 '호~'하고 입바람을 불어주고 밴드라도 붙여주기를 바라는 마음이다.

앞에서도 언급했지만 '헤아림'과 '공감'을 바탕으로 말을 꺼내야 한다.

만약 "이 정도 가지고 뭘 그래. 피도 많이 안 나는데. 엄살 떨지 마."라고 한다면 아이 마음은 어떨까? '아, 정말 별 것 아니군. 내가 엄살을 떨었네.'라고 생각할까?

아이가 다친 손가락을 들고 엄마에게 달려오는 것은 엄마의 사랑을 확인받고 싶어서인 것이다. 아이가 원하는 것은 엄마의 사랑을 확인받고 싶은 것인데, 손가락만 보고 현실적인 조언만 한다면 어느 순간 마음의 문을 닫을지도 모른다.

남자들은 이해할 수 없는 여자들의 행동 중 하나로, '솔직히 말하라고 해놓고서는 솔직히 말하면 화를 낸다.'는 걸 꼽는다. 앞에서 들었던 예처럼 여자들이 정말 듣고 싶은 말이 무엇인지 알지 못하기 때문이다. 여자가 듣고 싶은 말에 집중하지 않고 내가 하고 싶은 말만 쏟아내는 탓이다.

면접을 볼 때 면접관이 "이 일에 대한 경력이 없는데 잘 할 수 있겠어요?"라고 묻는다면, 면접관의 의도는 '나를 채용하는 데 가장 큰 걸림돌이 되는 것은 경력 문제이므로 그 문제를 극복할 수 있느냐?'라는 것이다. 그렇다면 그들이 듣고 싶은 말로 대답해야 한다. 경력은 없지만 그 일을 충분히 잘 해낼 수 있는 이유를 자신 있게 대답해야 한다.

"경험은 없지만 열심히 잘할 수 있습니다."라는 말로는 면접관의 마음을 흔들 수가 없다. 좀 더 진정성 있고 설득력 있는 말로 면접관의 가슴을 두드려야 한다.

"경력보다는 경험이 중요하다고 생각합니다. 이 일에 대한 경력은 없지만 다른 곳에서의 영업과 서비스 업무에 대한 경험을 많이 했고 하고자 하는 열정과 노력만 있다면 반드시 잘 해낼 수 있다고 생각합니다. 경력보다 중요한 것들을 저는 이미 현장에서 경험을 해보았습니다."

잘못을 사과하지 않는 상대에게 괘씸한 생각이 드는 것도 상대에게 듣고 싶은 말은 사과인데 상대는 오히려 거꾸로 찔러오는 말을 하기 때문이다.

공감이라는 것 역시 결국은 상대가 듣고 싶은 말, 상대가 간지러워 하는 부분을 긁어주는 것에서 시작된다.

화장품 회사 강사 시절, 본사 직원을 대상으로 금요일 아침마다 진행하는 강의에서 직원들이 힘들어하는 문제들에 대해 관련된 명언이나 이야기로 풀어주고, 연말에는 1월부터 12월까지의 사회적인 이슈와 함께 회사의 이슈들을 담은 영상을 제작했었다. 그 영상에는 매출이 좋지 않다는 이유로 월급이 깎인 직원들의 에피소드를 다룬 내용들도 있는데, 월급통장에 "○○카드-퍼가요, ○○보험-퍼가요"에 하나를 더 붙여 "○○캐피탈-내놔요."라는 풍자가 들어 있다.

○○○캐피탈은 회사 대표의 이름을 넣은 것이었다. 그리고 "빼앗긴 월급에도 봄은 오는가?"라는 패러디의 내용도 덧붙였다.

직원들은 그 영상을 보고는 까르르 웃으며 박수를 쳐댔다. 다른 사람들이 그 동영상을 보았다면 왜 웃는지 이해할 수 없었을 것이다. 우리 회사 직원들만이 공감하고 함께 겪었던 일이었으므로 그 영상을 통해 서로의 마음을 헤아리고 다독여 주는 것만으로도 재미있고 감사한 일이 된 것이다. 모두가 속상해 했던 일을 영상으로 재미있게 희화화한 것이 직원들에게 공감을 이끈 것이었다.

그날 전 직원이 회식자리를 가졌는데 직원들은 하나같이 "동영상 보고 울컥했어요."라는 말을 했다. 진심어린 헤아림과 공감, 진정성을 담아 감성으로 풀어낸 동영상으로 한번쯤은 월급이 깎인 것에 대한 누군가의 다독임이 듣고 싶었을지도 모르는 직원들의 가슴을 흔들었던 것이다.

우리는 하루에 몇 번이나 상대가 듣고 싶어 하는 말을 하는가?

자신의 호의를 얼마나 자주 풍부하게 표현하는가?

상대가 듣고 싶은 말을 들려주어라. 상대가 듣고 싶은 말을 찾아내는 것은 어렵지 않다.

내가 듣고 싶은 말이 상대의 기운을 북돋우는 말이다.

- 『습관의 심리학』(곽금주 지음) 중에서

좋은 말을 듣고 싶다면 먼저 꺼내자

미국 플로리다의 맥도날드 드라이브 스루에서 한 여성이 자신의 햄버거 값과 함께 뒤에 있던 사람의 음식값까지 지불했다. 그녀는 누군가에게 즐거운 하루를 선물하고자 했던 것이다. 뒤에 있던 사람 역시 그녀에게 받은 감동을 자신의 뒤에 있던 사람의 음식값을 지불하며 그대로 전했고 그 작은 친절의 시작이 몇 시간 동안 250명에게 릴레이로 이어졌다.

나비가 퍼덕이는 한 번의 날갯짓이 대기에 영향을 주고 그 영향이 시간이 갈수록 커지면서 미국 뉴욕을 강타하는 허리케인과 같은 엄청난 결과를 가져온다는 '나비효과(Butterfly Effect)'라는 말이 있다.

'작은 사건 하나가 엄청난 결과를 가져올 수 있다.'는 뜻이다. 위 사례처럼 나비효과로 좋은 것이 시작되면 눈덩이처럼 불어 좋은 결과로 이어질 수도 있고 반대로 부정적이고 나쁜 것이 시작되면 그것이 이어져 결국 더욱 더 큰 나쁜 결과를 가져온다는 것이다.

우리는 뉴스에서 쉽게 '주차 시비 살인, 층간소음으로 인한 살인'등 끔찍한 사건들을 심심치 않게 접할 수 있다. 이 사건들은 개인적인 문제에서 사회적인 문제가 되고 있을 만큼 심각하다. 층간소음에 시달린 아래층 사람들의 고충들이 늘어나자 위층에 보복할 수 있는 상품들도 출시되고 있다. 위층으로 소음을 전달하는 블루투스 스피커도 있고 층간소음 보복용 음악을 서로 추천하는 인터넷 글 또한 본 적이 있다. 이웃 사이에 간단한 인사조차 없이 사는 이유도 있겠지만 서로 얼굴을 맞대고 시작된 말, 주고받은 말들이 다툼과 살인이 일어난 가장 큰 이유가 되었을 것이다.

주말에 김포에 사는 오빠의 집으로 놀러간 적이 있었다. 오빠네 아이들과 우리 아이들까지 넷이 신이 나서 방방 뛰고 굴러대 아래층에서 항의가 들어왔다. 40대로 보이는 남자가 잔뜩 찌푸린 얼굴로 참다못해 올라왔다며 조용히 해줄 것을 당부했다. 표정은 좋지 않았지만 그래도 감정을 억누른 조심스러운 말투였다. 오빠 부부는 먼저 죄송하다며 아이들을 주의시키겠다고 했고 아래층 남자는 조용히 돌아갔다.

위에서는 모르겠지만 워낙 층간소음 문제들을 매체를 통해 많이 들어왔기에 아래층에서 받는 스트레스가 클 것이라는 것을 이해했다. 넷이나 되는, 한참 뛰어 놀 아이들에게 "조용히 앉아 놀자."라고 말한다고 해서 들을 것 같지 않았다. 결국 아이들을 키즈 카페로 데리고 피난(?)을 가기로 했다. 그리고 외출에서 돌아오는 길에 귤 한 상자를 사서 아래층 집을 찾아갔다. 아이들이 집에 와서도 조용할 리 없기 때문이기도 하고 휴일에 방해를 한 것에 대한 미안한 마음에서였다.

"조카들이 놀러 와서 아이들이 네 명이나 되다 보니 아무리 조용히 시키려 해도 말을 안 듣네요. 많이 불편하시고 시끄러우셨죠? 죄송해요. 올라가서도 최대한 시끄럽지 않도록 주의하겠습니다."

이웃이 겪었을 불편함을 헤아리며 공감하는 이야기로 사과의 말을 전하고 올라왔다. 그 후 아이들을 최대한 얌전히 놀도록 노력했지만 아래에서는 분명 쿵쾅거리는 소리가 여러 번 들렸을 것이다. 하지만 아래층에서는 더 이상 항의하지 않았다.

주말에 외출을 했다가 돌아오니 외부인들의 차 때문에 주차할 곳이 마땅치 않았다. 나는 어쩔 수 없이 불편하기는 하겠지만 다른 차들이 충분히 빠져 나갈 수는 있는 곳에 차를 세워놓았다. 그리고 다음날 차를 옮길 곳이 없어 그대로 놓아두고 출근을 했는데, 낯선 번호로 문자가 왔다.

"빈 주차장이 많은데 사이드 브레이크도 풀어두지 않고 차를 세워둬 많이 불편하네요. 신경을 좀 써 주시면 좋겠습니다."

내가 출근을 하고 난 뒤에 차들이 많이 빠져나간 것 같았다.

'불편하기는 하겠지만 충분히 차가 빠져나갈 정도는 되고, 다른 사람들도 별 말이 없는데 유별나게 왜 그러지?'라는 생각이 잠깐 들었다. 하지만 그 문자를 다시 한 번 읽어보니 너무나 정중하게 말하고 있었다. 직접 전화를 걸어 빨리 차를 빼라고 항의하거나 차를 뺄 때 짜증났던 기분을 그대로 표현할 수도 있었을 것이다.

나는 집으로 돌아와 차를 옮겨 세우고 문자를 보냈다.

"죄송합니다. 주차공간이 없어서 그곳에 주차했는데 주말에만 차를 사용하다 보니 그대로 세워두고 있었네요. 아침에 출근하면서 빈자리가 있어 옮겨 세웠습니다. 불편을 드려 죄송합니다."

지방 출장을 가면서 KTX를 이용할 때였다. 옆 좌석에 앉은 젊은 여성이 노트북으로 무언가를 급히 작성하는지 빠르게 키보드를 두드리고 있었다. 조용한 객실에 키보드 두드리는 소리가 타다닥 탁탁 울려 퍼졌다. 그녀는 이어폰을 끼고 음악을 듣고 있어서 그랬겠지만 자신이 키보드를 두드리는 소리가 다른 사람들을 방해할 정도인줄 모르고 있는 것 같았다. 그녀의 옆자리에 앉아 있던 중년 여성이 한숨을 푹푹 쉬다가는 더 이상 못 참겠는지 잔뜩 인상을 찌푸리면서 그녀의 어깨를 두드렸다.

"저기요. 지금 노트북 두드리는 소리가 너무 시끄러워요. 어떻게 자기만 생각해요. 나만 예민해서 그런지는 모르겠지만 여러 사람들이 이용하는 공간에서. 그렇게 노트북 두들기는 소리 너무 거슬리고 시끄럽거든요! 그렇게 두들기는 거!"

짜증이 나는 목소리로 항의하는 중년 여성의 말을 들으면서 속으로 젊은 여성이 좋은 반응을 보이지는 않을 것 같다는 생각을 했다.

'아이고 주의를 좀 해달라고 짧게 이야기하지. 너무 감정적이고 좀 지나치게 말하는구나.'

아니나 다를까 젊은 여성이 중년여성의 말을 끊으며 말했다.

"저기요. 알았으니까 일 절만 하세요."

그녀의 목소리에는 역시 짜증과 분노가 섞여 있었다.

만약 중년의 여성이 "저기 죄송하지만 조금 시끄러워서 그런데 조금만 조용히 사용해 주시면 안 될까요?"라고 정중하고 간단하게 의사를 표현했더라면 그녀 역시 '어머, 내가 방해를 했구나.'라고 바로 자신의 잘못을 인정하고는 "죄송합니다. 제가 이어폰을 끼고 있어서 잘 몰랐네요. 주의하겠습니다."라고 답했을 것이다.

좋은 말을 듣고 싶다면 항의를 할 때도 정중하게 해야 한다. 상대의 심기를 건드리는 말을 하면서 상대가 좋은 감정으로 내가 요구하는 반응을 보여주기를 바란다면 지나치게 자기중심적인 생각이다. 상대로부터 좋은 말, 따뜻한 말을 듣고 싶다면 내가 먼저 그렇게 대해야 한다. 짜증과 화가 담긴 말은 똑 같은 말을 불러오고 큰 다툼으로 이어지기 십상이다.

"내가 잘못한 건 알겠는데 말을 꼭 그렇게 해야 해? 좋게 말할 수도 있잖아.”

“네가 잘못해놓고 왜 화를 내? 뭐 뀐 놈이 성낸다더니.”

자신이 잘못한 것을 알아도 먼저 감정을 상하게 하는 말을 듣게 되면 잘못 자체를 인정하고 싶어지지 않는다. 뼈다귀를 두고 싸우던 개들이 나중엔 정작 뼈다귀는 내버려두고 싸우기 위해서 싸우는 꼴이 된다.

좋은 말은 좋은 말을 불러오고 나쁜 말은 나쁜 말을 불러온다.

M. A 베레는 이렇게 말했다.

“네가 가지고 있는 최선의 것을 세상에 주라. 그러면 최선의 것이 돌아오리라.”

돌려 말해야 할 때와 직설로 말해야 할 때

"나 요즘 살찐 거 같지 않아? 얼굴도 그렇고, 좀 뚱뚱해졌지?"

"응, 너 요즘 진짜 살쪘어. 원래는 배도 안 나왔었는데 장난 아니야. 다이어트 좀 해야겠다."

인터넷을 뒤지다 보면 참 재미있는 이야기들이 많다. 여자들이 "나 살찐 거 같지 않아?"라고 물을 때 어떻게 대처를 해야 하는지에 대한 '남자들만의 대처법 노하우'에 관한 이야기도 있을 정도다.

어느 블로거는 "나 살찐 거 같지 않아?"라고 묻는 여자들의 심리부터 알아야 한다면서 이렇게 정리했다.

첫째, 여자 친구가 이렇게 묻는 이유는 '예쁘다는 소리를 듣고 싶어서'라고 합니다. 여자들이 예쁘다는 말을 듣기 좋아하잖아요! 더군다나 사랑하는 사람에게 들으면 얼마나 기

분이 좋겠어요!! 살찐 것과는 별개로 예쁘다는 말로 설레게
해 주는 것은 어떨까요?

둘째, 사랑 테스트. 첫 번째 이유와 비슷하지만 다른 이유
죠~ 예를 들어 여자 연예인의 이름을 대면서 '연예인이 예뻐
내가 예뻐?'라고 물을 때 자신이 그 연예인보다 예쁘지 않다
는 것을 알면서도 사랑하는 사람에게 자신이 예쁘다는 소리
를 듣고 싶은 것과 마찬가지죠.

상대가 무언가를 물을 때는 어떤 말을 듣고 싶어 하는지 질
문의 요지를 파악하는 것이 중요하다. 솔직하게 대답해달라
고 해도 정말로 솔직하게 직설적으로 말하면 오히려 상대의
기분을 상하게 하는 경우가 많으므로 적당히 돌려 말하는 스
킬을 갖추어야 할 필요도 있다.

"나 요즘 살찐 거 같지 않아?"라고 묻는 것은 위 블로거의
말처럼 '예쁘다.'는 대답을 듣고 싶기도 하고 사랑에 대한 테
스트일 수도 있다. 그녀의 속마음은 '내가 요즘 너무 살이 찐
거 같아, 걱정돼. 내가 살이 쪄서 남자친구가 싫어하거나 사
랑이 식지는 않을까? 이 남자는 이런 나를 어떻게 보고 있을
까?' 하는 걱정 때문에 묻는 경우도 있다. 그런데 "응, 너 요
즘 진짜 살쪘어. 다이어트 좀 해야겠다." 라고 말해 버린다면
'역시 내가 뚱뚱해졌다고 마음이 변했구나. 그렇게 생각하고

있었다니.' 라고 생각할 것이다.

"잘 모르겠는데, 전혀. 내 눈에는 여전히 예뻐."

이런 대답은 70점 정도다.

"그리고 네가 만약 살이 쪄서 정말 뚱뚱해진다고 해도 내 눈에는 정말 너만 예뻐 보일 거야. 넌 얼굴도 예쁘지만 마음도 예쁘니까. 살이 쪄도 너의 예쁜 마음은 변하지 않잖아."

이런 대답이라면 100점.

여자는 남자친구의 말에 겉으로는 "에이~ 거짓말."이라고 하면서 '내가 살이 쪄서 정말 뚱뚱해져도 이 사람은 날 좋아해 줄 사람이구나.' 라고 생각하며 기분이 좋아진다.

남자들은 여자의 심리를 알다가도 모르겠다는 말을 자주 한다. 내가 여자이기 때문인지는 모르지만 알고 보면 참 단순한 게 여자들의 마음이기도 하다.

남자들은 여자가 왜 화를 내는지 그 이유가 전혀 없는데도 갑자기 화를 내고 토라진다고 하는데, 여자들이 어떤 질문을 한다면 질문하는 의도가 무엇인지 빠르게 파악하고 긴장감을 가져야 한다는 게 방법이라면 방법이겠다. 이렇게 보면 섬세한 여자들의 마음에 대처해야 하는 남자들이 어째 좀 불쌍하다는 마음이 들기도 하는데, 예를 들어 "자기는 첫사랑이 누구야? 언제야?"라고 묻는다고 하자.

"내 첫사랑은 너야."라고 대답한다면 여자는 오히려 100%
아닐 거라고 생각해서 계속 추궁할 것이다.

여자가 왜 이런 질문을 하는지에 대해 먼저 생각을 해보자.

그녀에게는 자신이 그의 첫사랑이기를 바라지 않는다. 여
자는 그의 첫사랑이 아니라 현재 최고인 여자이고 싶은데 남
자가 첫사랑을 잊지 못하고 마음속에 담아두고 있지는 않은
지 궁금하기 때문인 것이다.

여자의 질문 의도를 파악했다면 최대한 오래 전에 있었
던 일이고 별 거 아니라는 듯 짧게 이야기하는 것이 좋겠다.

"초등학교 때인가? 잘 기억도 안 나. 남자가 첫사랑을 잊
지 못한다는데 난 그 말이 틀렸다고 생각해. 나는 지금 좋아
하는 자기가 가장 중요해서 그런 거 기억도 할 필요가 없다
고 생각하는데?"

만약 "20살 때 만났었는데 긴 생머리에 청순가련한 내 이
상형이어서 첫눈에 반했었지."라고 하는 순간 그녀의 표정이
어떠할지 상상이 가는가?

추억을 더듬듯 이야기하는 것은 더욱 위험하다. 대화를 나
눌 때 상대의 가슴을 흔들기 위해서는 앞에서도 말했지만 상
대가 원하는 이야기를 해 주는 것이 좋다. 그러기 위해서는
상대가 질문했을 때나 고민을 털어 놓았을 때 그 의도를 파
악하고 상대가 원하는 것과 두려워하는 것 두 가지를 빨리

파악하고 그것에 대한 상대가 듣고 싶어 하는 이야기로 풀어 이야기하는 것이 좋다.

　위 상황에서도 여자가 남자에게 첫사랑에 대해 질문하면서 원하는 것은 현재는 자신을 사랑하고 있고 첫사랑 따위는 생각조차 나지 않았으면 좋겠다는 것이고 두려워하는 것은 아직도 남자가 마음속에 첫사랑을 품고 살지는 않을까 하는 것이다. 그 두 가지를 모두 파악하고 여자의 질문 의도를 잘 알았다면 그것에 대해 잘 풀어 이야기해 주라는 것이다.
　'상대가 원하는 것과 두려워하는 것에 집중하라.'
　내가 고객을 대하거나 누군가를 설득해야 할 때에도 사용하는 나의 방법이다. 사람을 대하는 모든 대화에서 아마 유용하게 사용될 것이다.

　직설적인 말하기는 생각을 그대로 말로 내 뱉는 것이고 돌려 말하기는 생각을 돌려서 상대가 기분 상하지 않게 말하는 것이다. 결국 '말을 돌려 하는 것'은 '생각을 돌려서 해야 한다는 것'을 의미한다.
　생각을 돌린다는 것은 단점보다는 장점, 나쁜 것보다는 좋은 점에 집중해야 가능해 진다. 상대를 대할 때 상대의 어느 부분에 생각을 집중할 것인지에 따라 달라지기 때문이다.

상대의 기분을 상하게 하고 상처를 주는 직설적인 말하기는 단시간에 사람을 잃기에 딱 좋은 화법이다. 물론 인간관계에서 직설적인 화법이 필요한 순간들도 있다. 항상 말이라는 것은 장소, 시간, 상황, 상대에 따라 달라져야 한다는 것이다.

하지만 상대가 들었을 때 감정과 기분을 상하게 하는 말이라면 말하기 전에 생각을 돌려 이야기하는 것이 중요하다. 상대의 마음을 먼저 헤아리고 상대의 긍정적인 부분에 집중하는 생각으로 말이다.

돌려서 이야기하는 것보다 직설화법으로 이야기해야 할 때도 있다. 나는 1인 1팀으로 혼자서 평균 5, 6시간을 떠들어야 하는 교육을 한 달에 적게는 6번 많게는 9번 넘게 하기도 한다.

가끔 힘에 부치기도 하고 오전과 오후 강사가 다르거나 교육 주제마다 강사가 달라지면 교육받는 이들도 덜 지루해 하고 집중도 더욱 잘하게 될 것이라고 생각해서 한 채용업체로부터 서비스교육 강사를 추천받아 강의를 부탁했다.

그 외부 강사가 강의를 진행하고 있을 때였다. 그런데 강의를 듣는 태도가 너무나 예의가 없어서 창피할 지경이었다.

부하 직원 혹은 아이에게도 잘못된 부분들에 대해서는 감정을 싣지 말고 위엄을 갖추어 직설적인 화법으로 지적할 필요가 있다. "자세를 좀 바르게 해 주세요."하고 말이다.

"강사님이 교육하는데 턱을 괴고 듣는 건 너무 무례한 태도 아닌가요? 자세 좀 바르게 해 주세요."라는 하는 것은 감정이 실려서 상대의 기분을 상하게 할 수 있다. 자세를 바르게 해달라는 한 마디만 전해도 상대는 '아, 내 자세가 굉장히 무례하게 보일 수 있었겠구나, 잘못된 태도를 취하고 있었구나.' 라며 능동적으로 깨닫고 바른 자세를 취하려 할 것이다.

사랑을 고백할 때에도 직설화법이 필요하다. 여자들은 연애 초반에 '이 남자가 나를 좋아하고 있구나.'라는 걸 그의 행동을 통해서 느낄 수 있다. 그런데 남자들 중에는 돌려서 말하는 것으로 고백을 경우가 꽤 있다.

"저는 ○○씨가 좋은 사람이라고 생각해요. 느낌이 참 좋네요."라고 하면 여자는 헷갈린다. 그냥 예의상 하는 말인지 정말 내가 마음에 든다는 건지. 여자는 속으로 '그래서 뭐 어쩐다고? 어쩌자고? 썸 타는 거야, 사귀자는 거야?'라고 생각할 것이다.

나는 김은숙 드라마 작가의 열혈 팬이다. 송중기는 가끔 오글거려서 대사를 어떻게 소화해야 할지 고민을 많이 했다고 하지만 김은숙 작가의 대사들은 여성 시청자들의 마음을 녹인다. 김은숙 작가의 드라마에 나오는 명대사들을 보면 남자 배우가 직설적으로 고백하는 대사들이 많다. 바로 그런 대사들 때문에 여성 시청자들은 드라마에 빠져든다.

명쾌하고 시원한 고백들은 여자들이 실생활에서는 참 듣기 힘든 대사들이기도 하다. 물론 실생활에서 보기 힘든 비주얼의 남자 배우들이 설레는 고백을 하기 때문이기도 하겠지만 현실에는 답답한 남자들이 의외로 많다.

사랑 고백은 누구라도 좋아한다. 사랑한다는 느낌이 잘 묻어나는 직설적이고 분명한 말들로 표현하는 것이 좋다. 헷갈리게 하는 고백의 말들 역시 의도한 대로 상대에게 전달되지 못한다면 그 의미가 무색해진다.

돌려 말해야 할까? 직설적으로 말해야 할까. 어떤 상황인지 현명하게 판단하고 잘 표현할 수 있어야 한다.

얼굴보다 더 중요한
말의 메이크업

외모관리만 하지 말고 내모관리를

여성들을 대상으로 메이크업을 하는 이유에 대한 설문조사를 했다. 체면 및 품위 유지를 위해 메이크업을 한다는 여성이 62.8%에 달했다.

메이크업을 한 여성은 그렇지 않은 여성보다 훨씬 더 능동적이고 유능해 보인다. 직업병이기도 하지만 그래서 나는 매일 매일을 열심히 메이크업을 한다. 확실히 메이크업을 하지 않았을 때보다 메이크업을 했을 때가 훨씬 자신감이 생긴다.

메이크업은 자신을 다양하게 표현할 수 있는, 여자로서 할 수 있는 최고의 혜택이라고 나는 생각한다. 많은 여성들이 외모관리로 매일을 꾸준히 하는 것 중 하나가 바로 메이크업일 것이다.

그럼에도 불구하고 나는 많은 사람들을 경험하면서 진정한 아름다움은 외모를 꾸미는 것만이 아니라 내적인 부분에 더 정성을 다해 가꿀 줄 아는 데서 나온다는 것을 깨닫게 되었다. 나쁜 말을 쉽게 내뱉고 생각 자체가 부정적이었던 나 자신이 생각을 바꾸고 말을 메이크업하면서 인상이 달라지고 외모가 바뀌었다는 말을 듣게 되었기 때문이다.

외모는 너무나 멋지고 아름다운데 외모만큼 말 표현이 예쁘지 않는 사람들이 있다. 그런 이들의 예쁜 외모는 얼마 가지 못해 시들고 만다. 일부 연예인들만 봐도 인성이 얼마나 중요한지를 알 수 있다.

인성을 드러내는 것은 바로 말과 행동이다. 말과 행동에 따라 어제의 팬이 안티 팬으로 돌아서고 그런 연예인들은 오래가지 못한다.

나는 앞에서 '말은 나의 이미지를 나타내는 하나의 수단'이라고 말했다. 우리는 '인성 논란'으로 구설수에 휘말리는 연예인들은 결국 오래가지 못하는 모습을 자주 봐왔다. 이런 것을 보면 말과 행동을 조심해야 하는 것이지만 '조심이란 것'은 한계가 있다. 언젠가는 드러날 일이다. 속일 수 없는 것이다. 생각 자체에 대한 변화가 있어야 하는 이유다. 생각과 말에도 메이크업이 필요한 것이다.

얼굴이 예쁜 여자는 3년, 성격이 좋은 여자는 30년이 간다는 말이 있다. 얼굴만 예쁜 것은 오래가지 못한다. 질리지 않고 평생 변치 않는 사랑을 받는 진정한 아름다움은 외모外貌보다는 내모內貌가 예쁜 사람이다. 내모, 즉 생각과 마음이 예쁜 사람, 그것으로 '말의 표현'이 예쁜 사람이어야 한다는 것이다.

민낯 같은 말에 메이크업을 하자. 메이크업을 어떻게 표현하느냐에 따라 다양한 이미지를 만들 수 있다. 연극을 하는 배우들을 보면 역할에 따라 메이크업이 모두 다르다. 여성들이 메이크업을 자신의 체면과 품위 유지, 즉 이미지를 관리하기 위해 하기도 하며 깨끗한 피부, 생기 있는 포인트 메이크업으로 민낯의 결점을 가리고 자신을 더욱 아름답게 보이도록 하기 위해 메이크업을 한다. 얼굴 메이크업으로 민낯의 결점들도 가리고 더욱 자신을 아름답게 표현될 수 있는 것처럼 상대방의 감정을 상하게 하고 상처를 주거나 오해할 수 있는 민낯 같은 말의 결점을 가리기 위해서는 말에도 메이크업이 필요하다. 당신의 이미지를 바꾸고 싶다면 외모만이 아닌 내모에도 메이크업이 필요하다.

주위에는 의외로 말을 예쁘게 잘 표현하는 사람들이 드물다. 상대의 감정을 상하게 하고 상처를 주는 말을 쉽게 하는 이들이 자신이 가지고 있는 문제에 대해 잘 모르고 있다는 것이 안타까웠다. 말을 좀 더 예쁘게 하는 법을 알려주고 싶었지만 나와 친분이 있는 것도 아니고 나보다 나이가 많다면 오히려 내가 하는 말 자체에 기분이 상할 것 같아 이야기 해주지 못해서 답답한 마음이 들었다.

나 역시 말 한마디 때문에 적을 갖게 되었던 경험이 있었고 말 표현을 바꾸기 시작하면서 "말을 참 예쁘게 한다."며 사람들에게 호감 있는 이미지를 갖게 된 경험, 말 표현을 바꾸면서 인상까지도 변하게 된 경험에 대한 것을 많은 사람들과 함께 공유하고 나누고 싶었다. 이것이 내가 이 책을 쓰게 된 이유이다.

우리 주위에는 주는 것 없이 미운 사람이 있고 받는 것 없이 예쁜 사람이 꼭 있다. 주고받는 것이 없는 사이임에도 상대가 밉기도 하고 예쁘기도 하다. 말 때문이다. 말을 주고받은 것이다.

"저 사람은 말을 너무 예쁘게 해."

그것만으로도 받은 것 없이 마냥 예쁘게 보인다. 그러한 사람들은 말을 마치 메이크업한 것처럼 표현하는 능력이 있다. 주위에 그러한 사람이 있다면 평소 어떻게 말하는지 관찰을 해보는 것도 좋겠다. 말을 메이크업한 듯 예쁘게 표현하면 나의 이미지 또한 아름답게 표현할 수 있다. 이미지가 말 한마디로 달라진다는 것은 내가 장담한다.

한 번도 아이라이너를 그려보지 않은 이가 아이라이너를 반듯하게 그리기 위해서는 많은 노력들이 필요하다. 그렇게 노력을 하다 보면 어느 순간 마치 전문가가 그려준 것처럼 익숙하게 표현할 수 있다. 말도 마찬가지이다. 노력과 연습이 필요하다.

쿠션처럼 폭신한 말의 메이크업

쿠션을 안아보면 포근하고 폭신하다. 여성들이 많이 사용하는 베이스 메이크업 제품 중에도 폭신한 느낌의 '쿠션'이라는 이름을 붙여 판매하는 베이스 메이크업 제품이 있다. 폭신한 파운데이션을 흡수한 쿠션을 엠보싱이 있는 통통한 퍼프에 묻혀 톡톡 두드리듯 바르는 형식으로 요즘 여성들이 가장 많이 사용하는 제품이다. 쿠션퍼프가 파운데이션을 폭신하게 눌러 묻히고 얼굴에 두드릴 때에도 폭신함이 느껴진다.

우리는 살아가면서 거절을 해야 할 때도 있고 누군가에게 부탁을 해야 하는 경우도 있다. 또 의도하지 않고 했던 말 표현이 다소 딱딱해서 상대에게 오해를 불러일으킬 수도 있다.

그래서 말 앞에 "번거로우시겠지만, 죄송합니다만, 실례합니다만, 괜찮으시다면, 바쁘시겠지만, 힘드시겠지만" 등의 '쿠션'을 붙여 좀 더 폭신하고 포근하게 말하는 것이 좋다.

이런 말들을 보면 상대의 입장을 생각하고 헤아림이 들어있는 말들이다. 그렇기 때문에 그냥 '툭' 내뱉는 것보다는 부탁을 거절할 때에나 오해를 일으킬 수 있는 말들이라면 "당신의 마음을 이해하고 헤아립니다."라는 표현이 담긴 '쿠션 말'을 사용해보도록 하자.

내가 가장 많이 사용하는 말은 "번거로우시겠지만…"이라는 쿠션 말이다. 보통 부탁을 해야 하거나 상대가 충분히 귀찮을 수 있는 상황에서 많이 사용한다. 이 쿠션 말을 사용할 때마다 느끼게 되지만 나의 말을 고급스럽게 메이크업해 주는 것 같다.

나는 아침에 아이가 그날 먹을 밥을 해 놓고는 저녁에 아이가 집에 돌아오면 혼자서 차려먹을 수 있게 해둔다. 어느 날은 깜박하고 아이 밥을 해놓지 않고 출근을 했다. 집에 돌아온 아이는 내가 집에 올 때까지 굶어야 한다. 돌봄이 선생님을 구하지 못해 아이의 저녁식사를 챙겨줄 분이 없었을 때였다. 어쩔 수 없이 '하원'을 도와주시는 유치원 선생님께 부탁을 해야 하는 상황이었다.

"선생님, 제가 오늘 아이가 저녁에 먹을 밥을 해놓지 않고 나왔어요. 너무 죄송하고 번거로우시겠지만 현서에게 저녁을 사서 먹을 수 있도록 부탁을 드려도 될까요?" 라고 했다.

유치원이 집과는 바로 마주보고 있어 아이가 먹을 음식을 사려면 한참을 돌아가야 한다. 적어도 5분 이상은 걸어야 한다. 선생님은 쾌히 "죄송하기는요. 현서가 먹고 싶은 걸로 사서 먹을 수 있게 할게요. 너무 염려마세요.”라고 했다.

가끔 부탁이 있을 때 “부탁이 있는데 들어줄 수 있어?”라는 말로 시작하면 “응. 뭐든.”이라고 하는 사람들은 적다.

“뭔데?” 라고 되묻는 경우도 있고, 벌써부터 부탁을 들어주기 싫은 마음과 어떤 부탁인지 몰라 부담스럽게 느껴지기도 할 것이다. 부탁이 있는데 들어줄 수 있는지에 대한 질문을 하기보다는 어떤 부탁인지에 대한 이야기를 먼저 꺼낼 때는 쿠션 말을 활용해보자. 귀찮게 여길 수 있는 상대의 마음을 먼저 헤아려 주는 쿠션 말을 사용한 다음에 부탁하는 것이다.

“부탁이 있는데 이번에 해외 나갈 때 향수를 좀 사다줄 수 있어?”

“이번에 해외에 나갈 때 번거롭겠지만 면세점에서 향수를 좀 사다줄 수 있어?”

나는 매장 직원들에게 쿠션 말을 교육하면서 다음과 같이 실습을 한다.

EX) 결제 시스템 오류로 고객이 다시 사인을 해야 할 경우,
“(   ) 사인을 다시 한 번 해 주시겠습니까?”

쿠션 말 : "죄송합니다만, 실례합니다만, 괜찮으시다면, 바쁘시겠지만, 번거로우시겠지만, 힘드시겠지만…."

"괄호 안에 어떤 쿠션 말을 사용하는 것이 좋을까요?"라고 물으면 거의 대부분의 직원들은 "(죄송합니다만)"으로 표현하려 한다. 물론 고객이 다시 사인을 해야 하는 귀찮은 상황이라 죄송할 수도 있다. 하지만 사인을 다시 하는 것은 어려운 일이 아니다. 자꾸 모든 상황에서 "죄송합니다만"을 사용하면 고객도 마찬가지이고 그 말을 듣는 상대는 '실수를 했구나.'라는 생각이 든다. 이럴 경우에는 다음과 같은 쿠션 말을 사용하는 것이 좋다.

"고객님, 결제시스템에 오류가 발생해서(상황 설명, 이해시키기) 그런데 번거로우시겠지만 사인을 다시 한 번 해 주시겠습니까?"

'정말 죄송하다'는 사과의 말이 필요할 경우에는 당연히 해야 하는 쿠션 말이다. 하지만 그렇지 않는 상황에서도 "죄송합니다만"이라는 표현만을 쿠션 말로 사용하려 하는 것은 쿠션 말을 하지 않는 것만 못하기도 하다.

EX) 사장님이 팀장들과 회의 중이다. 그 때 사장님을 찾아온 손님이 있어 말씀을 드려야 할 경우,

"말씀 중에 (   ) 사장님, 손님이 오셨습니다."

쿠션 말 : “죄송합니다만, 실례합니다만, 괜찮으시다면, 바쁘시겠지만, 번거로우시겠지만, 힘드시겠지만….”

당신은 어떤 쿠션 말을 선택했는가? 혹시 또 “말씀 중에 (죄송합니다만) 사장님 손님이 찾아 오셨습니다.”라고 표현했는가?

사장님께 손님이 오셨다는 것을 알려주는 것은 죄송한 일이 아니다. 알려주는 것은 당연한 것이다.

우리는 죄송한 게 너무나 많다. 표현이 늘 죄송하다는 것에 익숙해져 있는 것 같다. 진짜 죄송한 일이 아니다. 구분을 잘하고 표현해보도록 하자.

이럴 때에는 “말씀 중에 (실례합니다만) 사장님, 손님이 오셨습니다.”로 표현하는 것이 더욱 좋겠다. 회의하고 있던 사람들의 시간을 방해해서 죄송하다는 마음일 수도 있겠지만 어쩔 수 없는 상황에 알려야 하는 것이었고 이럴 땐 회의 중에 실례한다는 표현이 더 낫다.

죄송하다는 말만이 상대의 마음을 헤아리는 것이 아니다. ‘실례합니다만’이라는 쿠션 말도 충분히 상황에 맞는 상대의 마음을 헤아리고 표현하는 말이라는 것을 기억하자.

'YES'를 바르고 'THEN'으로 커버하고

　긍정화법으로 가장 많이 이야기하는 것은 'YES-BUT 화법'이다. 서비스교육이나 화법교육을 들어본 사람이라면 익숙한 화법일 것이다. 일단 YES부터 외치고 '하지만'이라는 뜻을 지닌 접속사 'BUT'을 사용한 후에 내가 전하고자 하는 말을 하라는 것이다.

　나는 YES-BUT 화법을 좋아하지 않는다. 긍정의 'YES'를 외쳐 놓고도 'BUT'이라는 접속사의 사용이 부정적으로 이야기하는 것처럼 느껴지기 때문이다. YES가 긍정이라면 BUT은 부정적인 의미를 지니고 있다. 물론 'YES-BUT 화법'이 필요한 순간도 분명히 있기는 할 것이다. 하지만 긍정의 YES로 시작해 부정의 BUT으로 이어간다면 상대는 부정적인 것으로 느끼게 된다. 때문에 YES-BUT 화법을 사용할 거라면 마지막의 말은 반드시 다시 긍정으로 끝내는 것이 좋다.

EX) 아이는 텔레비전을 보고 싶다. 하지만 엄마는 당장 목욕부터 시켜야 한다.

<부정적인 말부터 시작할 때>

아이 : "엄마 텔레비전 봐도 돼요?"

엄마 : "안 돼! 목욕해야 돼."

여기에서 문제는 YES부터가 아닌 NO부터 시작이 되었다는 것이다. "안 돼!"라는 단정적인 거절의 말에 아마 아이는 기분이 썩 좋지 않았을 것이다. 그렇다면 많은 이들이 이야기 하는 YES-BUT 화법으로 바꿔보자.

<YES-BUT 화법>

아이 : "엄마 텔레비전 봐도 돼요?"

엄마 : "그래, 하지만 목욕부터 해야 돼. 목욕하고 텔레비전 보자."

NO부터 시작했을 때보다 훨씬 더 부드럽다. 그러나 "하지만"이라는 접속사가 시작되는 순간 부정적인 느낌이 다시 시작된다.

"그래, 하지만…"이라고 하면 '하지만'이라는 접속사의 말이 이어질 때 아이는 뒷말을 듣지 않고도 "아~ 결국 안 되는 건가?"라고 생각하게 된다.

좀 더 긍정적인 접속사를 찾아보자. 내가 찾은 것은 'YES-THEN'이다. YES 다음에 "그러면"이라는 접속사 'THEN'을 붙여 말하는 것이다. 다른 화법과 비교해서 'YES-THEN 화법'을 보자.

〈화법 비교〉

"엄마 텔레비전 봐도 돼요?"

1. "안 돼! 목욕해야 돼." (NO)

2. "그래, 하지만 목욕부터 해야 돼. 목욕하고 텔레비전 보자." (YES-BUT)

3 "그래, 그러면 목욕하고 텔레비전 보자." (YES-THEN)

'하지만'이라는 말보다 '그러면'이라는 말이 훨씬 긍정적인 느낌이 더 강하다. 아이의 말에 "그래, 그러면….."하고 말을 끊으면 '하지만'이란 말처럼 부정적이고 거절 당하는 것만 같은 느낌이 들지 않고 어떠한 방법을 제시할 것처럼 느껴질 것이다. 다른 예를 들어보자.

"나 이것 좀 써도 되니?"

1. "안 돼, 아끼는 거란 말이야." (NO)
2. "그래, 하지만 아끼는 거니까 조금만 써." (YES-BUT)
3. "그래, 그러면 아끼는 거니까 조금만 써." (YES-THEN)

'하지만'이라는 접속사를 사용할 때보다 '그러면'이라는 접속사가 확실히 긍정적이고 기분 상하지 않는다.

일단 YES를 외치고 "그러면"이라고 외친 다음 방법을 제시하게 된다. 방법이 생기지 않더라도 '그러면…' 하고 말줄임표를 쓰고 고민을 해보자. 그것만으로도 일단 상대는 '그래'라는 긍정적인 말을 들었고 상대가 원하는 것을 해 주기 위해 당신이 긍정적인 고민을 하고 있다고 생각이 들기 때문에 쉽게 기분이 상하지 않는다. 더욱 더 마법 같은 건 '그러면….' 하고 고민하고 있으면 오히려 상대는 "아니야, 괜찮아. 그냥 네가 하고 싶은 대로 하자." 라며 본인이 원하는 것을 포기하고 당신이 원하는 것대로 하자고 하기도 한다는 것이다.

사람들은 거절하는 것을 두려워하기도 하고 거절을 당하면 어쩔 수 없는 상황임을 이해하면서도 기분이 상하거나 서운하기도 하다.

여자 : "오늘 약속 취소하고 나한테 와 주면 안 돼?"

(부탁을 할 때에도 '~해 주면 안 돼?'라는 부정어를 사용하기보다는 '~해 줄 수 있어?'라고 표현하는 것이 상대가 부탁을 들어줄 수 있도록 끌어내는 데 더욱 좋다.)

남자 : 어떡하지? 며칠 전부터 약속한 거라서 깨기가 힘드네. 미안해.

당장에 "안 돼."라는 말로 단정적으로 거절한 것보다는 "어떡하지?"라는 말을 사용해 훨씬 더 부드러운 표현이 되기도 하지만 어쨌든 결과적으로는 거절이고 NO라고 말하는 것이다.

"당연히 내 마음은 널 보러 가고 싶지. 내가 네게 가지 못해 많이 서운하지? 근데 선약이 있어서 미안해." 라고 달래듯 그 마음을 헤아려 주며 말을 하더라도 여자는 서운하다. 결국 거절이기 때문이다. 여자는 꼭 오늘 보고 싶은데 보러 올 수 없다는 것이 어쩔 수 없다는 걸 알고 있고 이해하면서도 서운하다. 결국은 "안 돼."라는 것을 돌려 말한 것이기 때문이다.

물론 거절을 해야 하는 경우도 있겠지만 꼭 강하게 거절을 해야만 하는 상황이 아니라면 'YES'부터 시작하자는 것이다. 거절만 할 것이 아니라 자신에게 와 달라고 부탁하는 여자에게 가기 위한 노력이라도 비추는 것이 필요하다.

"그래, 하지만 빨리는 못 가."(YES-BUT)

YES에 BUT을 붙여 표현하면 BUT이 부정적인 접속사다 보니 BUT 다음에 따라오는 말 역시 부정적인 말로 표현되는 경우가 많다.

'가긴 하겠지만 빨리는 못 간다.' 어째 원하는 대로 온다고 하긴 했는데 '빨리는 못 가.'라는 부정적인 단어에 뭔가 개운치가 않은 느낌이 든다.

"그래, 그러면 나 빨리는 못 가."(YES-THEN)

THEN 접속사 뒤에 똑같은 말을 붙여도 '그러면'으로 표현 되다보니 말이 자연스럽지 않다. 하지만 '그러면'의 접속사로 시작하는 화법이 익숙한 사람이라면 보통 저렇게 말하지는 않게 된다. 무작정 '그러면'이라는 말을 사용하라는 의미가 아니다. 부정적인 말이 아니라 긍정적인 말로 이어가라는 의미다.

"그래, 그런데 약속 때문에 빨리 갈 수는 없어. 최대한 빨리 가도록 노력해볼게."

최대한 빨리 가겠다는 긍정의 말을 붙이면 상대는 못 간다는 부정으로 끝낸 말보다 긍정으로 끝난 말이기에 훨씬 더 긍정적으로 잘 받아들이게 된다.

위에서처럼 'YES-THEN-긍정'도 좋은 방법이 되겠지만 더욱 좋은 방법으로 내가 찾은 것은 'YES-THEN'에 하나를 더 플러스하는 것. 바로 물음표를 마지막에 붙여서 표현하는 것이다.

"YES-THEN-?"

"그래, 그러면~?"

마지막에 물음표를 붙여 상대에게 내가 제시한 방법에 동의를 구하는 것이다.

"그래, 그런데 약속 때문에 빨리는 못 가는데 최대한 빨리 갈 테니까 조금 늦게라도 보는 건 어때? 조금 늦어도 괜찮아?(물음표)"

상대는 당장 "몇 시에?"라고 반 동의를 하 듯 묻기도 하고 "그래."라고 답변하기도 할 것이다.

여기서 더 좋은 방법은 "빨리는 못 가는데…"라는 부정어를 모두 말에서 빼는 것이 좋다. "빨리 못 가는데"라는 말 대신에 상대를 더욱 설득할 수 있도록 긍정적인 말 메이크업을 한 후 다시 표현해보자.

"그래, 그러면 당장 약속을 취소하는 것보다는 잠깐 만나서 양해를 구하고 가는 건 어떨까? 좀 늦겠지만 그렇게라도 만날 수 있어?"

빨리 못 가는 상황까지 설명하며 상대를 이해시키기도 한 말이다. 그리고 모든 부정을 다 뺀 말이다. 위 말에 부정적인 말을 넣으면 "그래, 그러면 당장 약속을 취소하지 못 하니까 잠깐 만나서 양해 구하고 가면 안 될까? 좀 늦겠지만 늦게라도 만나면 안 돼?”라고 할 수 있다. “못하니까, 안 될까, 안 돼.”가 부정적인 말이다. 이렇게 부정적인 단어들을 사용하는 사람들이 많다.

“~하는 것보다는 이렇게 하는 건 어때? ~하는 건 좋아?”라는 긍정적인 말로 바꿔 하는 것이 더욱 좋다. 말 자체에 부정적인 단어들을 빼는 연습도 해보도록 하자.

“ 물건 나르는 것 좀 도와주면 안 될까?”
➜ “물건 나르는 것 좀 도와줄래?”

“이 제품은 별로야. 이게 나아.”
➜ “이 제품보다는 이게 나아.”

평소에 말에서 부정적인 것을 빼는 연습과 함께 “YES-THEN-?”으로 말해보자. 그리고 상대가 오해하지 않게 상황을 설명하고 이해할 수 있도록 하며 상대의 마음을 헤아리는 말을 덧붙여 이야기하자.

여성들이 베이스 메이크업을 할 때 먼저 BB 크림, 파운데이션 등을 얼굴 전체에 바르고, 컨실러로 피부 잡티나 결점을 커버한 후 파우더팩트로 두드리며 보송하게 마무리한다.

"YES-THEN-?" 화법은 베이스메이크업과 같다.

말에 긍정적인 메이크업을 하기 위해 먼저 YES로 전체적인 긍정을 알리고 '그러면(THEN)'이라는 말로 무조건 'OK'라고만은 할 수 없는 뒷말의 결점을 커버한 후, 상대의 동의를 얻는 "?"로 상대의 마음을 두드리며 기분이 상하거나 서운할 수 있는 말을 보송하게 마무리하기도 하고 동의를 구해 상대가 선택할 수 있도록 매끄러운 베이스메이크업과 같은 말이 되기 때문이다.

▶ YES = 피부 전체를 펴서 바르는 BB크림, 파운데이션, 말 전체를 긍정으로 펴서 바르는 'YES'

▶ THEN = 피부 결점을 커버하는 컨실러. YES로 표현됐지만 100% 긍정만은 아닌 뒷말의 결점을 커버하는 'THEN'

▶ ?(물음표) =보송한 마무리를 위해 두드리며 바르는 파우더 팩트, 상대가 서운해 할 수 있는 말을 보송하게 마무리하고 상대의 동의를 구하며 상대의 마음을 두드려 주는 마지막 마무리의 '?(물음표)'

생기를 불어넣는 말의 치크 메이크업

　여자들이 메이크업을 할 때 브러시를 이용해 뺨 부위에 핑크, 오렌지 등의 컬러를 줌으로써 얼굴색을 건강하고 혈색이 돌게 표현하는 것을 '치크 메이크업'이라고 한다. '볼터치, 블러셔'라고도 불린다.

　이 치크 메이크업은 뺨 부위를 어떻게 표현하느냐에 따라 이미지가 전혀 달라진다. 뺨 부위를 사선으로 끌어 올리듯 표현하면 차갑고 시크한 느낌으로, 또 웃을 때 튀어나오는 광대뼈 부위에 둥글게 표현해 주면 귀엽고 친근한 느낌이 든다. 어느 부위에 '집중해서 표현하느냐'에 따라 전체적인 메이크업의 느낌이 달라지기도 한다.

　말도 치크 메이크업과 마찬가지이다. 같은 상황이라도 어떤 것에 '집중해 표현하느냐.'에 따라 말의 느낌 또한 전혀 다르게 표현된다.

　딸아이가 며칠 동안 부모님 댁에 가 있을 때 엄마가 보고 싶다고 울면서 전화를 했었다. 그럴 때 마냥 어르고 달래 줄 수는 없다. 주말에 일을 해야 하는 상황이나 출장을 가야 할 때가 바로 그런 상황이다.

처음에는 "울지 않고 잘 놀고 있으면 네가 좋아하는 것을 사줄게."라는 식으로 대처했다. 하지만 그것만으로는 한계가 있었고 그리 좋은 방법 같지도 않았다. 물질적인 것을 얻기 위해 버티는 것보다는 아이가 생각 자체를 바꾸는 것이 오히려 필요하다는 생각에서였다.

"현서야, 엄마랑 같이 자고 싶고 같이 시간 보내고 싶은데 떨어져 있어서 속상하고 보고 싶고 그러지? 엄마도 현서 마음 다 알아요. 그리고 엄마도 현서랑 떨어져 있으니까 많이 보고 싶네. 그런데 현서가 자꾸 이렇게 엄마 보고 싶다고 울고 그러니깐 엄마가 속상해. 엄마 말 잘 들어봐. 엄마랑 떨어져 있어서 '너무 슬퍼, 보고 싶어, 속상해'라는 것만 생각하면 속상할 수밖에 없는 거야. 그런데 현서가 '할머니 집에 있으면 더 맛있는 음식도 많이 먹을 수 있고 혼자 밥 안 차려 먹어도 되고 이럴 때 TV도 내 마음대로 많이 보고 늦게 자기도 해야지.' 라고 신난다는 것에 집중하면 곧 행복해지고 즐거워질 거야. 기분이 우울한 게 좋아, 즐거운 게 좋아? 당연히 즐거운 게 좋지? 그러니까 엄마랑 떨어져 있을 때 엄마가 있어 하지 못했던 것들을 즐기면서 신나게 지내요. 알았지?"

유치원에 다닐 때는 금방 좋아지지 않았지만 반복되는 교육 덕택인지 지금은 아이 스스로가 "엄마가 늦어 미안해~"라고 하면 "괜찮아요, 저 클레이 만들기 하고 늦게 자서 좋아요."라고 받아들인다. 이제는 오히려 일찍 들어오면 "엄마, 왜 이렇게 일찍 들어왔어요? 힝~ 나 아직 다 못 놀았는데."라고 한다.

"항상 기분이 좋지 않을 때는 어떻게?"

"긍정적으로~"

"긍정적이려면 어떻게 말해야지?"

"'괜찮아, 그럴 수도 있지.' 하고 생각하는 거."

어느 날인가 내가 아이에게 하소연하듯 이야기했을 때였다.

"엄마가 오늘은 기분이 좀 별로네."

"엄마 괜찮아, '그럴 수도 있지' 하고 생각해."

이것이 반복교육의 효과가 아닌가 싶은 생각이 들기도 하면서도 기특하고 귀여워서 아이 덕분에 좋지 않았던 기분이 스러지기도 한다.

모든 상황에서는 긍정과 부정이 동시에 작용한다. 하지만 부정적인 것에 집중하면 당연히 부정적인 상황들을 끌어오고 부정적인 감정에만 치우쳐 우울한 기분에 갇힐 수밖에 없다.

긍정적인 생각은 저절로 생겨나지 않는다. 긍정적인 생각을 갖기 위해 노력해야 하고 긍정적인 부분을 찾아내야 한다.

세계적인 임상 심리학 박사 토머스 고든에 의해 소개된 '의사소통의 기술'이 있다. 모든 관계에서 빚어지는 갈등을 효과적으로 해결하는 방법으로 창안한 'I Message'라는 것이다.

'I Message'는 상대의 행동에 집중하는 것이 아니라 '상대의 행동을 통해서 느낀 나의 감정'들을 구체적으로 말하는 표현법이다. 상대방이 나를 이해할 수 있도록 나의 감정을 전달하는 것이다. 그래서 'I Message'는 '나 전달법'이라고도 표현한다. 이는 상대의 행동에 초점을 맞추고 비난하는 것이 아니라 상대의 행동이 나에게 미친 영향을 말로 표현하고 문제를 해결할 수 있도록 하는 대화의 기술이다.

하지만 우리는 살면서 '너 전달법'인 'YOU Message'를 사용하는 경우가 많다. 'YOU Message'는 어떤 결과에 대하여 상대방의 행동에 집중하며 상대방을 탓하고 상대방에게 핑계를 돌리는 공격적인 대화를 하도록 만든다.

(너) "빨리 밥 좀 먹어."

(넌) "왜 이렇게 화를 내?"

이는 주체가 상대방이 되고 상대의 행동을 지적하고 비난하며 때로는 그것이 명령어가 되는 경우도 있다.

YOU Message를 I Message로 바꿔보자.

(너) "빨리 밥 좀 먹어." → (나는) "네가 빨리 밥을 먹었으면 좋겠어."

(넌) "왜 이렇게 화를 내?" → (나는) "화를 내면 (내가) 속상해."

상대의 문제점이나 행동들로 나에게 오는 상황, 내 감정, 느낌들을 표현하는 것에 집중한 표현이다.

'나 전달법 I Message'를 제대로 표현하는 방법으로는 첫째, 행동에 대해 판단하거나 탓하지 않아야 한다.

(넌) "왜 이렇게 화를 내?" → (나는) "화를 내니까 (내가) 속상해" 라고 표현하는 것이다. 하지만 분명 I Message로 표현된 듯하지만 YOU Message처럼 상대를 탓하는 듯한 말이 되어 버린다. '화를 내니까'라는 말은 이미 화를 냈다고 잘못을 꼬집는 듯이 들린다. '네가 이러니까' 라고 탓하는 표현보다는 '~하게 되면, ~ 하는 것보다는'이라고 표현하는 것이 좋다.

"화를 내니까." 상대를 탓하는 말 바꾸기!

→ 화를 내게 되면, 화를 내면

→ 화를 내는 것보다는

둘째, 나의 감정을 나타내되 '~했으면 좋겠어.'라는 내가 원하는 것을 이야기하거나 '계속 이 상황이 이어진다면, 이러한 행동을 한다면 내가 이럴 수도 있으니 그만 멈춰 줬으면 좋겠어.'라는 의미를 담은 '~할 것 같아.'라는 말로 하는 것이 좋다. 또 부정적인 느낌이 강한 '짜증 나, 화가 나, 미치겠어, 꼴 보기 싫어져'라는 부정적인 감정의 표현보다는 '서운해, 마음이 아파, 속상해' 등과 같은 표현이 좋다.

(넌) 왜 이렇게 화를 내?
➡ 화를 내는 것보다는 진정하고 이야기했으며 좋겠어.

화가 난 상대에게 "I Massage, ~하게 되면, ~하는 것보다는 + ~할 것 같아, 서운해, 속상해, ~하면 좋겠어." 등으로 차분한 목소리의 액세서리를 걸친 말로 표현한다면 흥분한 상대를 진정시키기에도 좋은 화법이 된다.

셋째, 내가 왜 이 상황, 행동에 대해 이러한 감정을 느끼는지, 상대방이 하는 행동이 나에게 어떤 영향을 미치는지에 대해 구체적으로 설명하고 내가 원하는 것이 무엇인지를 정확하게 이야기하는 것이 좋다.
"당신은 운전을 너무 과격하게 해."(행동 판단, 부정적, 탓하기)

“좀 천천히 조심해서 가.”(나의 감정 없이 상대에게 하는 명령어)

“뭐가 과격해?”

위는 상대에게 부정적인 감정을 표현하고 ‘YOU Message 너 전달법’으로 표현되었기 때문에 상대 역시 받아치는 말이 좋을 리가 없다. 가는 말이 고와야 오는 말이 곱듯 부정적인 말이나 상대의 행동에 대한 판단의 말인 “과격해!”와 같은 표현은 감정을 건드릴 수 있다. 이런 말로 시작되는 대화는 상대 역시 잘못된 행동에 대해 인정하려 하지 않고 부정적인 감정으로 말을 내뱉게 된다.

➡ 당신이 위험하게 운전을 할 때면(가정하듯) 나는 겁이 많아서(감정을 느끼는 이유) 좀 무서워.(행동으로 인한 나의 감정 I Massage) 천천히 가주면 좋겠어.(원하는 것)

“무서워? 알겠어. 그럼 천천히 갈게.”

상대를 비난하거나 탓하지 않고 행동에 대한 확정이 아닌 가정으로 이야기하며 행동에 대해 내가 느끼는 감정과 왜 그런 감정을 느끼게 되는지 그리고 ‘이렇게 해 주면 좋겠어.’라고 내가 바라는 것, 원하는 것을 상대에게 정확히 전달하는 것이 좋다. 이러한 말 표현은 상대에게 원하는 행동과 결과를 얻을 수 있게 된다.

넷째, I Message로 더욱 잘 전달하기 위해서는 상대의 마음을 헤아리고 공감해야 한다. 이는 앞에서도 다뤘던 내용이다. 자신의 마음을 알아주는 것만으로도 고맙고 그 고마움에 상대의 마음이 움직인다.

"당신은(YOU Message) 매일 TV만 보냐.(탓하기) 주말에는 아이들이랑 좀 놀아주고 그래!(나의 감정 없이 명령하는 말) 너무 하는 거 아니야?(YOU Message) 나는 저녁을 차리느라 힘들어 죽겠는데 진짜 짜증 나."(부정적인 감정 나타내기)

→ 주말이면 많이 피곤하기도 하고 TV 보면서 당신만의 시간도 갖고 싶죠?(헤아리기, 공감의 표현) 그래요.(YES) 그러면(THEN), 힘들겠지만(쿠션 말) 내가 저녁을 차리는 동안만이라도 아이를 좀 봐주는 게 어때요?(물음표) 당신이 TV만 계속 보고 있으면(행동) 내가 저녁을 차리면서 아이까지 봐야 하는데 조금 힘들어요(나의 감정 I Message). 나 좀 도와줘요.(원하는 것)

어떤 표현이 상대로 하여금 내가 원하는 대로 행동하도록 할 수 있을까?

마법 같은 변화, 말의 아이 메이크업

메이크업을 했을 때 가장 많은 변화를 줄 수 있는 부분은 '눈'이다. SBS 예능프로그램 '스타킹'에서는 눈이 3배 이상 커지는 메이크업으로 메이크업 전과 후가 완전히 달라져 시청자들을 경악하게 만들었던 여성도 있었다. 다른 얼굴 부위의 메이크업보다 아이 메이크업이 진하고 화려할수록 민낯일 때와 크게 비교된다. 이 때문에 외국에서는 신부의 외모에 반해 청혼해서 결혼을 했는데 신혼 첫날밤 메이크업을 지운 신부의 민낯을 보고 충격을 받아 이혼을 요구한 남자도 있었다고 한다.

얼굴에서 가장 먼저 보이는 곳은 눈이다. 남자들이 여자를 볼 때도 가장 많이 보는 곳이 얼굴 중에 눈이라고 한다. 그래서 다른 부위의 메이크업보다 여성을 더욱 돋보이도록 해 주는 아이 메이크업 제품들이 매우 다양하다.

눈썹을 표현하는 아이브로우부터 화려한 아이 컬러섀도우, 또렷한 눈매를 위해 속눈썹의 선을 따라 진한 컬러로 그리는 아이라이너, 길고 풍성하게 속눈썹을 표현해 눈매가 더욱 짙고 눈이 커 보이게 하는 마스카라 등 요즘에는 또 눈동자에 컬러를 주어 신비로운 느낌을 주는 컬러 렌즈도 아이 메이크업의 한 부분이 되었다. 그다지 예쁘고 화려한 외모가 아니더라도 아이 메이크업 하나로 얼마든지 예뻐질 수 있다. 민낯일 때는 전혀 다른 사람이 된다는 것이 함정이기도 하지만 아이 메이크업의 효과와 그 위력이 실로 대단하다는 것은 사실이다.

눈썹 모양만 바뀌어도 인상 자체가 다르게 보이기도 한다. 내가 학교에 다니던 시절에 좀 노는 언니들, 얼굴만 봐도 무섭게 보이는 그 언니들은 눈썹을 얇고 앙칼지게 그렸었다. 눈썹만 봐도 노는 언니인지, 착한 언니인지를 구분할 수 있었을 정도다. 눈썹이 주는 인상이 강했기 때문이다.

눈썹이 얇고 가늘수록 인상이 강하게 보인다. 또 눈썹이 아예 없다면 이상하다 못해 웃기기까지 하다. 그래서 민낯일 때에도 모나리자가 되지 않기 위해서 여성들은 눈썹 시술을 받거나 문신을 하기도 한다.

소녀시대 효연을 보면 갈매기 눈썹을 그렸을 때는 인상이 굉장히 강해 보였지만 일자눈썹으로 바뀌면서 따뜻하고 친근한 느낌으로 바뀌었다.

내가 가지고 있는 이미지를 강하고 거부감이 들도록 만드는 말 중 하나는 바로 '명령하는 말'이다. 사실 자신이 명령조 말투를 사용하는지조차 모르고 있는 사람들도 많다. 나보다 약한 존재, 나보다 더 낮은 존재라 생각하면 긴장감이 없기 때문에 부탁해야 할 것도 명령으로 표현할 때가 있다.

"밥 먹어."

"일어나."

"이쪽으로 와 봐."

"오늘까지 이 업무는 모두 끝내도록 해."

"하지 마."

명령은 곧 그 말을 듣는 사람에게는 복종을 의미한다. 사람과 사람은 동등하다. 갑과 을이 있을 수 없다. 사장과 직원도 엄연히 따지고 보면 갑과 을의 관계가 아니다. 고객과 판매사원 역시 마찬가지다. 모두 동등한 존재다. 사장은 직원에게 월급을 주는 사람이기는 하지만 직원들이 하는 업무로 회사가 돌아간다. 그에 대한 대가로 지급되는 것이 월급이다. 고객은 자신이 제품을 구매해 주는 사람으로 인식해 갑이라고 생각하고 '갑질'을 하기도 하지만 판매사원의 전문적인 카운슬링으로 자신에게 맞는 제품을 구매할 수가 있다. 그래서 나는 서비스교육을 할 때에도 고객과 판매사원을 동등한 동반자의 관계이며 '고객은 왕이 아니다.'라고 말한다.

관계에 있어 편할수록 긴장감이 없다보니 혹은 내가 상대보다 윗사람, 갑이라는 생각이 들면 그 생각이 말에 반영되어 '명령어'를 사용하게 된다.

"너는 말 좀 그렇게 하지 마."

"앞으로는 그러지 좀 마."

누가 들어도 명령어는 기분이 상할 수밖에 없다. 명령이기 때문이다. 명령은 강아지를 훈련시킬 때나 하는 것이다. "물어 와, 엎드려, 앉아." 등으로 말이다.

물론 명령이 강한 어조이다 보니 필요한 순간들도 있다. 시위할 때 "물러나 줄래?"라고 하지 않는다. "물러나라, 물러나라!"라고 표현한다.

그런 순간이 아니라면 동등한 관계에서 또 모든 인간관계에서 명령이 있어서는 안 된다. 어른과 아이 역시 어른은 어른이기 때문에 아이에게 명령을 쉽게 하는 경우가 많은데 나이가 많든 적든 그것은 중요하지 않다. 모든 인간은 평등하고 동등한 존재라는 것이 중요한 것이다. 그래서 명령으로 이야기 하는 명령어는 '청유형'이나 '의뢰형'으로 바꿔 말해야 한다.

청유형은 어떠한 행동 따위를 같이 할 것을 요청하는 것으로 종결 어미를 '~하자, ~하세, ~합시다.'로 표현하는 것을 말한다. 청유형과 비슷한 말로는 '이끎꼴'이라는 말이 있다. 이끎꼴. 말 그대로 청유형으로 표현하는 것은 이끌기 위한 말이다.

리더는 직원들의 안녕이 그들의 관심사이며 진정한 존경을 받는 존재지만 보스는 생산성을 강화하기 위한 것에만 관심이 있고 일방적인 존경을 원한다. 리더는 사람들로부터 자연스럽게 존경을 얻지만 보스는 존경을 원하지만 존경받지 못한다. 그들의 방식이 독재적이고 명령적이기 때문이다.

보스는 "나를 따르라."라고 명령을 하는 데 비해 리더는 "우리 함께 가자."라고 말하는 사람이다. 말로 부하와 소통하며 그들을 존중하고 솔선수범하면서 함께 간다. 명령어는 시위현장에서나 전쟁터에서나 사용하는 말이다. 아무리 삶이 전쟁터라 할지라도 명령은 상대에게 반감을 불러일으키고 외면하게 만드는 표현에 불과하다. "나에게 명령하지 마."라고 하면서 말이다.

명령형의 말은 청유형이나 의뢰형으로 표현하는 것이 좋다.

"밥 먹어." → "밥 먹자, 밥 먹을래?"

"일어나." → "일어나자, 일어나는 게 어때?"

"이쪽으로 와봐." → "이쪽으로 와 볼래, 이쪽으로 좀 와 줄래?"

"오늘까지 이 업무는 모두 끝내도록 해." → "오늘까지 이 업무를 모두 끝내도록 해보자." "오늘까지 이 업무는 모두 끝내는 게 어떨까?"

"하지 마." → "하지 말자, 하지 않는 게 좋겠어." "그만 하는 게 좋지 않을까?"

평소 가까운 가족, 친구, 직장동료 등에게 했던 당신의 말들을 떠올려보자. 특히 화가 났을 때 했던 말들이 명령형 문장으로 사용돼 더욱 큰 싸움으로 번지지는 않았는가?

"어디다 대고 명령이야?"

명령은 강한 거부감을 갖게 만드는 표현이다. 아이에게도 "하지 마."라는 명령어는 반감만 생기게 할 뿐 말을 듣지 않는다. "안 했으면 좋겠어, 하지 않는 게 어떨까?"라는 청유형과 의뢰형의 말이 오히려 아이의 행동에 정지 버튼을 누르게 하는 데에는 더욱 효과적이다.

한순간에 명령하던 습관을 고치기는 어려울 것이다. 그렇다면 상대에 대한 긴장감을 가져보자. 그것도 어렵다면 모든 말에 물음표를 붙여 표현하려는 노력을 해보자. 강렬한 눈매를 아이 메이크업 하나로 부드러운 인상으로 바꾸는 마법처럼 명령하는 말에 메이크업을 해 표현해보자. 그것은 상대에게 더욱 부드럽고 따뜻한 말로 들리고 상대방에게 당신의 이미지 역시 따뜻한 사람, 존중할 줄 아는 사람으로 비춰질 것이다. 그리고 자연스레 사람들은 당신을 좋아하게 될 것이다.

말의 립 메이크업

　메이크업을 할 때 여자들마다 제 각각 메이크업 하는 순서들이 다르다. 마지막에 치크 메이크업을 하는 여성들도 있고 또 마지막에 아이 메이크업을 하는 여성들도 있다.

　나는 마지막 메이크업은 립으로 마무리한다. 립스틱을 가장 나중에 바른다. 가끔 메이크업이 잘 되지 않는 날이 있다. 아이라인도 잘 그려지지 않고 마스카라에 속눈썹이 뭉쳐 예쁘게 표현되지 않을 때도 있다. 그런 날에는 강한 컬러의 립스틱을 선택해 바르면 없던 생기가 살아나는 듯하고 실패한 메이크업이 가려지는 듯하다. 또 아이 메이크업을 강하게 표현해도 립스틱 컬러를 톤다운 된 것을 바르면 섹시한듯 청순한 느낌이 들기도 하고 같은 아이 메이크업에 레드컬러와 같은 쨍한 컬러를 바르면 시크하고 강한 느낌이 들며 립스틱 컬러에 따라 전혀 다른 메이크업이 된다. 그래서 나는 옷을 입은 후 옷에 맞는 느낌의 컬러로 립스틱을 선택한다. 레드컬러의 의상을 선택했는데 립 컬러가 핑크라면 뭔가 어울리지 않고 어색하기 때문이다.

말의 첫 시작도 중요하지만 말의 마무리 역시 중요하다. 'YES-THEN-? 화법'에서 언급한 것처럼 긍정으로 시작했지만 부정적으로 끝나버리면 상대는 부정적인 것에 집중하고 부정적으로 느낄 수밖에 없다. 비록 중간에 부정적인 말이 섞여 있다 하더라도 다시 긍정으로 마무리한다면 상대는 긍정에 집중하게 될 것이다. 물론 첫 시작의 말이 부정적인 것이라면 상대는 뒷말을 끝까지 듣지 않고 부정적인 것에만 감정이 휩싸인다.

전체적인 분위기를 바꿔놓는 립 메이크업처럼 전체의 느낌이 달라지는 마지막 말에 "물음표"로 붙이는 습관을 들이자.

'YES-THEN-? 화법'에서도 물음표는 상대방의 동의를 구하는 표현이기도 하다. 상대에게 선택권을 주기 때문에 상대의 결정을 존중한다는 의미로 느끼게 한다. "그래, 그러면 ~하는 게 어때?" 라고 말이다.

말끝을 물음표로 끝내게 되면 또 좋은 것이 상대의 말을 이끌어 낼 수도 있다. 말이 없는 상대라도 그를 말하게 할 수 있는 것이 바로 이 '물음표 화법'이다. 또 상대에게 호감을 얻는 방법 중 하나는 내가 말하기보다 상대를 말하게 하는 것이다. 귀는 친구를 얻는다고 했다.

10명이 모인 모임에서 한 사람은 오늘 처음 모임에 참석한 사람이다. 나머지 9명은 서로 친한 데에 비해 그 한 사람은 아직 다른 사람과 친분도 없고 자리가 불편할 수밖에 없고 잘 알지 못하므로 사람들과 대화를 섞기 어려울 것이다. 나 역시 그런 상황들과 종종 마주하곤 하는데 누군가 내게 말을 걸어주고 질문도 하고 내가 말할 수 있도록 기회를 주면 그것만으로도 감사하고 그를 호의적으로 생각하게 되었다. 소개팅을 하거나 어색한 만남의 상황이라면 '물음표 화법'을 사용하면 더욱 좋다. 소개팅을 앞두고는 상대와 어떤 말을 해야 할지 고민이라면 어떤 말을 하려고 하지 말고 '어떤 것을 물을까?'를 생각하고 가는 것이 더욱 좋다. 상대방의 이야기를 끌어냄으로써 상대가 어떤 사람인지 알 수도 있고 '물음표 화법'으로 상대의 이야기를 끌어내 눈을 바라보며 경청과 리액션을 잘 한다면 그것만으로도 상대에게 호감을 얻을 수 있다.

할 말을 준비해가는 것보다 상대에게 질문할 것을 준비해보자. 질문을 많이 준비해갈수록 좋다. 할 말이 없어 적막이 흐르게 되는 일이 적어질 것이기 때문이다. 질문 하나로 몇 시간 동안 서로 즐겁게 대화를 나눌 수도 있다. 상대는 물음표 화법으로 자신이 말을 많이 할 수 있게 하고 잘 들어주는 당신에게 호감을 갖게 될 것이다.

‘물음표 화법’은 상대에게 질문을 하는 것이기 때문에 ‘물음표 화법’을 사용하는 동시에 상대의 말을 경청하겠다는 의미를 담고 있기도 하다. 질문을 해놓고 관심 없는 듯 듣지 않을 수는 없지 않은가.

아이가 친구와 싸우고 왔을 때 “넌 친구랑 왜 싸워. 사이좋게 지내지 않고.”라고 단정해버리면 아이는 할 말을 잃게 된다. 억울한 것이 있어도 말을 할 수 없다. ‘물음표 화법’으로 바꿔 “친구랑 왜 싸웠니? 왜 그랬는지 이야기 해줄 수 있니?”라고 하면 아이는 자신의 이야기를 들어주고 이해해 줄 것 같은 마음이 든다. 따뜻한 액세서리를 걸친 목소리로 차분하게 질문한다면 아이는 자신의 억울한 마음을 들어줄 것 같은 생각이 들어 그것만으로도 고마움을 느끼게 되고 행여 자신이 잘못한 부분이 있다면 솔직하게 털어놓고 반성하기도 할 것이다. 이러한 물음표 화법은 아이가 ‘말할 수 있는 기회’라는 것을 만들고 그 기회로 아이의 마음을 듣게 되고 그것으로 아이를 달래 줄 수도 있다.

당신이 상대에 대해 알기를 원한다면 상대에게 말을 할 수 있도록 기회를 제공해야 한다. 그 기회를 제공할 수 있는 가장 쉬운 방법이 물음표 화법의 사용이다. 연인 혹인 남편, 아내가 무슨 이유에서인지 갑자기 화를 낸다. 그런 행동에 “왜 화를 내.”라고 말하기보다는 “왜 화가 났어?”라는 질문을 먼저 던져보자.

‘왜 화를 내.’라는 말은 화를 낸 것을 단정만 하는 것이라고 ‘나 전달법’에서 이야기한 바 있다. 그것이 화를 낼만한 이유가 아니더라도 상대는 나와 화를 내는 기준이 다른 사람임을 인정해야 한다. 내 감정을 먼저 이야기하기보다는, 상대의 행동을 단정 짓고 이야기하기보다는 화를 내는 상대를 먼저 궁금해 해야 한다.

“왜 화가 났어?”

“아까 ~이러한 일 때문에 화가 났던 거야?”

“왜 화가 났는지 나에게 말해 줄 수 있어?”

궁금한 것을 묻기 위해서는 물음표 화법이 쓰이지 않을 수가 없다. 궁금하다는 것은 곧 상대에 대한 관심이기도 하다. 상대의 이야기를 듣겠다는 표현이기도 하다. 또 물음표 화법은 소통의 시작이 되며 상대의 말을 이끌어내고 그것을 경청하며 헤아림과 공감으로 상대의 마음을 움직일 수 있도록 물꼬를 트는 역할이 되기도 한다.

소통하기 위해서는 먼저 알아야 하기 때문에 질문이 필요하다. 헤아리고 공감하기 위해서는 상대가 자신의 이야기와 감정을 말할 수 있게 물음표 화법을 사용해 이끌어내야 가능하다. 상대가 말을 하지 않으면 상대에 대한 정보를 전혀 알 수가 없기에 헤아릴 수도 공감할 수도 없다.

가끔 카톡을 보내면 요즘 말로 '읽씹'을 잘 하는 사람들이 많다. '읽고 씹는다.'는 뜻이다. 나 역시 마지막 인사로 마무리한 것이 아닌 데도, 내가 보낸 메시지를 분명 읽기는 했음에도 답변을 하지 않으면 기분이 상하기도 한다. 이럴 때에는 보통 내게 관심이 없거나 원래 답변을 잘 하지 않거나, 읽을 수는 있으나 답변할 수 없는 상황 중 하나일 것이다. 또 애매하게 끝난 말은 답변하기에 애매할 수도 있을 것이다.

'읽씹'에 기분이 상한다면 마지막 보낸 메시지에 물음표 화법을 사용해보자.

"난 이제 저녁 먹었어." 라고 끝내는 것이 아니라 "난 이제 저녁 먹었는데 넌 먹었어?" 라고 물음표 화법을 사용해보자. 말을 할 수 있도록 물음표로 상대의 말을 이끌어내야 대답도 들을 수 있는 것이다.

메이크업이 잘 받게 하기 위한 스킨케어 = 긍정 케어

　메이크업이 예쁘게 표현되기 위해서 가장 중요한 것이 무엇일까? 바로 피부 상태이다. 피부 상태가 나쁘면 메이크업이 예쁘게 표현되기가 어렵다. 그래서 메이크업이 잘 받게 하기 위해서는 무엇보다 스킨케어가 중요하다.

　신부들이 결혼 전부터 피부과와 피부 관리실을 열심히 다니는 이유도 특별한 날, 인생에서 단 한번밖에 없는 날에 최고로 아름다워 보이기 위해 메이크업 하나 잘 받게 하려고 공을 들이는 것이다. 아무리 좋은 메이크업 제품들로 치장한다고 해도 결국 피부 바탕이 고르지 않으면 화려한 립 컬러도 세련된 컬러의 섀도우들도 무용지물이 되고 만다.

　피부의 수분 상태, 각질 상태 등이 좋아야 베이스 메이크업도 고른 피부결로 잘 표현되고 쉽게 메이크업이 들뜨지 않으며 나머지 포인트 메이크업도 예쁘게 표현되는 것이다. 큰 뾰루지가 군데군데 나 있다면 컨실러로 아무리 잘 가린다고 하더라도 볼록볼록 튀어나온 뾰루지는 메이크업을 전체적으로 깨끗하게 표현하기가 힘들다.

말도 마찬가지다. 피부 메이크업이 잘 표현되기 위해서 피부 바탕이 중요하듯 말 메이크업이 잘 표현되기 위해서는 생각 바탕이 중요하다.

그 생각 바탕은 스킨케어와 같은 '긍정 케어'라고 할 수 있다. 아무리 말 메이크업을 잘 한다 할지라도 생각이 부정적인 것에만 집중하고 있다면 당장은 말을 잘 메이크업할 수 있을지도 모르나 결국 얼마 지나지 않아 부정적인 것들이 말로 반드시 드러나고 만다. 그래서 생각을 긍정적으로 먼저 돌리는 힘을 기르는 것이 가장 중요하다.

꼭 긍정적으로 생각하는 힘만을 기르기보다는 생각 자체를 넓게 가질 수 있는 노력이 필요하다. 긍정을 위주로 이야기하는 것은 부정적인 생각들이 사람들을 멀어지게 하는데 크게 작용하므로 긍정적인 내모 관리에 대해 이야기하려 한다.

긍정적인 마인드를 갖게 되면 모든 것이 행복해지고 행복을 선택할 수 있는 사람이 될 수 있다. 누가 봐도 과거를 아름답게 살았을 것만 같은 밝고 좋은 인상 또한 갖게 될 것이다. 무엇보다 남이 아니라 나를 위해서라도 긍정 마인드를 갖는 노력을 꼭 했으면 한다.

1장에서도 이야기한 바 있지만 '부정이'와 '우울이'는 사람들을 멀어지게 한다. 부정적이고 우울한 당신을 사람들은 좋아할 리가 없다. 당신의 그러한 행동과 말은 생각에서 비롯되기 때문에 반드시 긍정 케어가 필요한 것이다.

힘든 일이 생기면 쉽게 지치고 쓰러지는 나약한 나를 강하게 만드는 마법 같은 일을 경험하고 싶다면 '긍정적인 생각'부터 하는 힘을 기르자. 긍정적인 생각과 힘을 기르는 방법으로 긍정에 관한 책들을 많이 읽고 긍정 마인드를 가지는 노력을 하는 것을 먼저 추천한다. 나 역시 긍정 마인드를 책을 통해 얻었는데 행복을 선택할 수 있는 능력을 갖출 수 있게 되고 정신이 건강해지는 데 많은 도움을 받았다.

내 생애 최대의 위기였던 이혼을 경험하게 되었을 때 내 귀에는 누구의 위로의 말도 들리지 않았다. 오히려 귀찮은 잔소리 같았고 누구도 내 마음을 움직일 수 있는 말들을 해 주지 못했다.

'왜 나는 그 고마운 사람들의 말이 하나도 와 닿지 않았던 걸까?'

그들은 바로 나와 같은 경험이 없었기 때문에 나를 100% 공감할 수 없었을 것이고 나 역시 나와 같은 경험이 없는 상태에서 나를 위로하려 하는 사람들의 이야기가 와 닿을 리 없었던 것이다.

멘토가 필요했다. 오로지 혼자서 스스로 해결할 수 있는 방법이 내겐 필요했고 우연한 계기로 책을 찾게 되었다. 누군가에게 기대어 나의 문제들을 고쳐나가야 한다면 힘들 때마다 기댈 누군가가 필요해지기 때문에 스스로 힘을 기르는 법을 찾는 것이 더 중요하다고 생각했다.

긍정적인 생각을 달고 살려고 노력해도 폭풍 같은 상황이 들이닥치면 나 역시 무너질 때가 있다. 그래서 그때마다 무너지지 않기 위해 나는 많은 장치들, 즉 부정이와 우울이가 찾아올 때 이겨내는 방법들을 여러 가지 만들어 두었다. 그 방법으로 힘든 일들이 생기거나 우울함이 생기면 맨 먼저는 서점부터 달려간다. 요즘은 매일을 나를 다지기 위해 하루도 빼놓지 않고 꾸준히 책을 읽는다. 항상 나의 가방에는 책이 있고 함께 출퇴근을 하며 그 시간을 활용해 나를 잘 다져가려는 노력을 한다. 시간이 없어서 책을 읽지 못한다는 사람들도 많은데 독서에 많은 시간을 사용하려 하지 말고 단 30분이라도 좋으니 책들을 꾸준히 읽어보자.

나는 또 부정적인 것들과 우울함이 찾아오면 긍정적인 생각을 되찾고자 글로 적어보는 방법을 찾았다. 머릿속으로 긍정적인 생각만 하는 것은 한계가 있고 잘 되지 않을 때가 많다.

이혼을 하고 가장 많이 힘들었던 시간, 그 상황을 벗어나고자 했던 그때, 다이어리에 적었던 내용들을 공유해보록 하겠다.

〈현재 고민되고 나를 힘들게 하는 것들〉
1. 꽃돌이(아들)가 늘 보고 싶고 그립고 그것이 나를 힘들게 한다.
2. 미래가 너무 불안한데 하루하루를 그냥 헛되이 보내고 있는 것 같다.

이렇게 내가 지금 힘들어 하는 고민거리들을 적고 그 안에서 긍정을 찾아보고 어떻게 해야 하는지를 고민하고 내가 나의 멘토가 되어 이야기하듯 적었다.

1. 꽃돌이(아들)가 늘 보고 싶고 그립고 그것이 나를 힘들게 한다.

꽃돌이가 보고 싶을 때는 언제든 볼 수 있는 거야. 좀 더 체력도 키우고 건강해져서 아이들 아빠와 상의해서 주말마다 데려와서 시간을 보내자. 아이를 주말에 만날 기쁨과 기대감이 생겨 더욱 버티는 힘이 날 거야. 그러니 너무 아파하지 마. 아예 볼 수 없는 게 아니니까. 아이 아빠가 꽃돌이를 잘 키워준 덕에 네가 회사를 다니기에도 그나마 힘이 덜 드는 거야. 만약 네가 두 아이를 혼자 도맡았다면 아이 때문에 네가 하고 싶은 일들을 포기해야 했을 거야. 보고 싶으면 언제든 볼 수 있다는 것을 잊지 마.

2. 미래가 너무 불안한데 하루하루를 그냥 헛되이 보내고 있는 것 같다.

미래가 불안하다는 것은 꿈이 없기 때문이야. 네가 무엇을 하고 싶은지 어떤 것으로 성공을 하고 싶은지 적어보고 미래를 설계해보자. 그리고 책에서 읽은 것처럼 그것을 이루기 위해 끊임없이 상상해보자. 생생하게 꿈을 꾸면 반드시 이루어진다잖아. 어떤 꿈을 꾸고 상상할 것인지 일단 네 꿈을 먼저 적어보자.

이렇게 써놓고 나니 내가 지금 무엇을 해야 할지도 알게 되었고 우울함이 금세 사라지고 어떠한 힘을 얻게 되기 시작했다. 마냥 우울함에 빠져 있으면 안 되겠다는 생각과 따지고 보면 전혀 우울하게 생각할 필요가 없는 일들이었다. 그리고 나는 나의 불안한 미래 때문에 고민했고, 첫 번째 책을 출간

했고, 그것으로 힘들었던 회사생활을 정리하고 내가 정말 좋아하고 잘 할 수 있는 일을 시작하게 되었다.

가끔은 긍정적인 점을 찾아내기 힘든 상황들이 올 때도 있다. 나는 그럴 때에도 무너지지 않고 STOP 버튼을 만들기 위한 노력으로 한 가지 법칙을 통해 종이에 적는다. 이 법칙은 부정적인 생각과 우울함이 밀려올 때, 많은 고민이 생길 때에도 주로 활용한다. 'WHAT–WHY–HOW–WHEN'의 법칙이다.

▶ WHAT – 무엇이 나를 힘들게 하는가?

▶ WHY – 그것이 나를 왜 힘들게 하는가?

▶ HOW – 그렇다면 그것을 어떻게 해결해야 하는가?

▶ WHEN – 언제부터 할 것인가?

최근에 내가 적었던 내용이다.

▶ WHAT – 회사생활이 너무 맞지 않고 재미없다. 우울감이 찾아왔다.

▶ WHY– 나는 강의를 할 때 즐겁고 보람을 느끼는데 회사에서는 영업과 다른 업무들을 폭탄처럼 던져 주며 해내기를 원한다. 야근이 많아지면서 아이도 걱정이 되기 때문이다.

▶ HOW– 회사를 그만두자! 당장의 생활은? 그만둘 수 있

는 방법은? 준비는 어떻게?

책이 출간되었으니 기업 강의를 하는 프리랜서의 길을 두드려보자. 그리고 강사양성과정을 계획하자. 저자 특강을 열어보자 등등.

▶ WHEN- 이달 말 토요일 오후 2시 저자 특강, 퇴사일자는 XXXX년 X월 X일, 양성 과정은 X월부터, 기업 강의는 X월 X일 등등.

이렇게 적고 나니 우울감 대신 자신감으로 채워지는 게 느껴지기 시작했다. 그리고 나는 사직서를 제출했다. 그런데 참 신기하게도 마법처럼 기업 강의가 밀려오고 주위에서 많은 도움을 주는 귀인들이 생겨나기 시작했다. 그리고 하고 싶은 일을 하며 살아 있는 것처럼 열정적으로 사는 요즘의 나는 정말 행복하다.

어쩌면 내가 당신에게 이야기하는 이러한 방법들이 당신이 가지고 있는 기준들이 다르기 때문에 통하지 않을지도 모른다. 그 방법들은 오로지 내가 긍정성을 찾기 위해 찾아낸 방법들이다. 나의 방법들이 당신에게 통하지 않는다면 당신만의 긍정 케어 법을 스스로 만드는 것이 좋다. 부정적이고 우울한 감정을 꺼버릴 수 있는 STOP 버튼을 말이다.

최악의 상황에서도 실낱같은 희망과 긍정적인 것은 반드

시 존재한다. 우리가 찾으려 하지 않고 찾는 힘이 부족하기 때문에 부정적인 것으로만 비춰지는 것이다. 지금 힘들고 부정적인 마음과 우울한 감정에 억압되어 있다면 그것이 왜 우울하고 힘든지를 먼저 찾아내고 어떻게 극복하고 언제부터 할 수 있는지 마음의 계획을 세운다면 방법을 찾아서 벗어날 수 있다. 당신의 단절된 인간관계도, 당신의 꿈도, 당신이 겪고 있는 상처도 말이다. 부디 당신이 많은 것을 극복하고 좋은 인상과 좋은 기운으로 많은 사람들이 곁에 두고 싶은 그러한 사람이 되길 바란다.

대인관계를 결정하는 언어의 메이크업

말 한마디 때문에

지은이 김인희
발행일 2018년 6월 10일
펴낸이 양근모
발행처 도서출판 청년정신 ◆ **등록** 1997년 12월 26일 제 10—1531호
주　소 경기도 파주시 문발로 115, 세종출판벤처타운 408호
전　화 031)955—4923 ◆ **팩스** 031)955—4928
이메일 pricker@empas.com